哈佛家训 VI

一位哈佛博士的教子课本

[美]威廉·贝纳德◎编著　张　玉◎编译

HARVARD
FAMILY INSTRUCTION

中国妇女出版社

图书在版编目(CIP)数据

哈佛家训：一位哈佛博士的教子课本. Ⅵ / (美) 威廉·贝纳德编著；张玉编译. -- 北京：中国妇女出版社, 2016.6

ISBN 978-7-5127-1317-8

Ⅰ.①哈… Ⅱ.①威… ②张… Ⅲ.①家庭教育 – 通俗读物 Ⅳ.①G78-49

中国版本图书馆 CIP 数据核字(2016)第 137802 号

哈佛家训Ⅵ

作　　者：〔美〕威廉·贝纳德 编著　张玉 编译
责任编辑：朱婷婷
装帧设计：蓝指纹图书制造
出版发行：中国妇女出版社
地　　址：北京东城区史家胡同甲 24 号　邮政编码：100010
电　　话：（010）65133160（发行部）　（010）65133161（邮购）
网　　址：www.womenbooks.com.cn
经　　销：各地新华书店
印　　刷：北京凯达印务有限公司
开　　本：170 × 230　1/ 16
印　　张：16
字　　数：250 千字
版　　次：2017 年 1 月第 1 版
印　　次：2024 年 3 月第 7 次
书　　号：ISBN 978-7-5127-1317-8
定　　价：29.80 元

序 言

每次阅读书中的这些故事，我的内心就充满感动。

每当想到会有无数的孩子阅读这些故事，我就顿时有了一种难言的幸福感、责任感和崇高感。

这时，我就想起了一个人，一位作家。

这位作家辛苦地写了一辈子，却一直没有引起人们的注意，他感到很沮丧，觉得人生毫无意义。

到他老了的时候，有一天，突然接到一封信。

信的主人说：25岁那年，我几乎要放弃自己。后来，我有幸读了您的书，其中有一个故事让我幡然醒悟，从此我开始了新的人生。

现在，我是一个令父母和家人骄傲的成功者，是一个有能力帮助社会、帮助他人的知名人士。而这一切的源头，就是您的那本书。

作家说：从此我将无憾，因为，我拯救过一个人，此生足矣！

这个故事一直鼓舞着我。

如果每一个人的一生中，除了让自己过上幸福的生活，还能至少改变一个人，使那个人也能经历美满的人生，那是多么伟大的事情啊！

我经常想：我们只是平凡的人，可是，我们完全可以做一些不平凡的事情，比如，改变一个孩子。

如果这个孩子长大之后成了林肯，成了甘地，世界就会因此而获得更多的自由和幸福；倘若他长大之后成了爱因斯坦或者霍金，世界就会因此亮开一个新的窗口；假如他长大之后成了柏拉图、莎士比亚或者莫扎特，世界就会因此变得智慧而快乐……

在路上，或者在公共场所，每当看到一个孩子的时候，我就会想：等他们长大之后，会是什么样的呢？

每一个小生命都一样可爱，一样充满生命的力量，一样蕴藏着无数美好的可能。

然而，长大之后，他们却千差万别。有的人成了企业家，成了教授、医生，有的人却成了失败者，甚至有人成了社会的负累或罪人……

这是多么令人痛心！

别人的悲剧，难道不是我们每个人的悲剧吗？一个孩子的失败，难道不是我们全社会的失败吗？别人的孩子，难道不也是我们的孩子吗？

每一天我都想对所有的孩子说一声：你要努力！但是，对于我们的孩子，需要所有人的努力，每一个父亲，每一个母亲！

我们应该树立这样的信念：哪怕能帮助一个人……

我们都可以怀着这样的信念生活：如果我可以改变一个孩子！

Harvard Family Instruction

目 录

赞 美——悦人愉己的奥秘

仁 德—— 纯良若水的福泽

风 度—— 俊逸优雅的魅力

目 录

Harvard Family Instruction

Harvard Family Instruction

目录

Harvard Family Instruction

目录

赞美

悦人愉己的奥秘

HARVARD FAMILY INSTRUCTION

特别棒的人

一个小学生，在自己的日记本上写过这样一段话：

爸爸说我是一个特别棒的人，我想知道是不是真的很棒。

一个特别棒的人……萨拉说，你需要有一头像我一样漂亮的、鬈曲的头发。我没有。

一个特别棒的人……嘉斯汀说，你必须有一口像我一样整齐、洁白的牙齿。我没有。

一个特别棒的人……杰西卡说，你的脸上不能有那些棕色的小点，就是雀斑。我却有。

一个特别棒的人……马克说，你必须是七年级最聪明的家伙。我不是。

一个特别棒的人……斯蒂芬说，你在学校里必须最会讲有趣的故事。我不会。

一个特别棒的人……劳伦说，你必须在城里和最好的邻居生活在一起，并且住在最漂亮的房子里。我没有。

一个特别棒的人……马休说，你必须穿最酷的衣服、最流行的鞋子。我没有。

但是，每一个晚上，临上床之前，爸爸都会给我一个有力的拥抱，并且对我说："儿子，你棒极了！我爱你！"

爸爸必定知道一些我的朋友们所不知道的事情。

这个日记本一直保存在他的箱子里，直到他很老的时候。

全世界的人都在否定你的孩子，而他依然在快乐地生活。不是因为别的，就因为你每晚的一个拥抱。事情就这么简单，父亲！

麦琪和她的天才班

麦琪是学期中间被调到这一所公立学校的，而且一开始校长就要她当 4 年级 B 班的班主任。麦琪听说前任班主任半途辞职了，但校长没有告诉她为什么，他只是说这个班级的学生都很“特别”。

第一天走进教室，麦琪先被吓了一跳：横飞的纸团、架在桌子上的脚、震耳欲聋的吵闹声……整个教室活像混乱的战场。麦琪翻开讲台上的点名册，20 个学生的名字呈现在眼前。点名册上还记录着每个学生的 IQ（智商）分数：140、141、160……

在美国，学生入小学都要测试智商，按智商分快慢班。正常人的智商在 130 左右。麦琪恍然大悟，噢！怪不得他们这么有精神头，原来小家伙们个个都是天才！麦琪微笑着请大家安静下来，为能接手这么高素质的班级而暗自庆幸。

刚开始，麦琪发现很多学生不交作业，即使交上来的也是潦草不堪，错误百出。麦琪找孩子们单独谈话。“凭你的高智商，没有理由不取得一流的成绩，你要把潜力发掘出来。”她对每个学生这样说。

整个学期里，麦琪不断提醒同学们，不要浪费他们的聪明才智和特殊天赋。渐渐地，孩子们变得勤奋好学，他们的作业准确而富有创造力。

学期结束时，校长把麦琪请到办公室。“你对这些孩子施了什么魔法？”他激动地问，“他们统考的成绩竟然比普通班的学生还好!”

“那很自然啊！他们的智商本来就比普通班学生要高呀！您不是也说他们很特殊吗?”麦琪不解地问。

“我当时说B班学生特殊，是因为他们有的患情绪紊乱症，有的智商低下，需要特殊照顾。”

“那他们的IQ分数为什么这么高?”麦琪从文件夹里翻出点名册，递给校长。

“哦，你搞错了，这一栏是他们在体育场储物箱的号码。很遗憾，麦琪老师，你的学生并不是天才。”原来这个学校的点名册，在一般学校标智商分数的地方，注的是储物箱号码。

麦琪听了，先是一愣，但随即笑道：“如果一个人相信自己是天才，他就会成为天才。看来，我这个错误犯得值!”

让我们的孩子相信，他们就是天才；让我们的父母相信，他们是最可敬的人；让我们的朋友相信，他们的友谊价值连城；让身边的每个人都相信，他们是最令人开心的人生伙伴!

如果你的生活幸福，有一半是它真的幸福，另外一半是因为你坚信它幸福。

哪怕是错误的赏识，也比正确的斥责好上一万倍。

四块糖

一天，校长看见操场上一个同学拿石块追打另外一个同学，他告诉打人的小同学，中午请到校长室来。

放学后，小同学来到校长室门口，他准备接受惩罚。没想到校长没有惩罚他，却送了一块糖给他，说："这是奖给你的，因为你按时来到这里。"小同学惊疑地接过了糖果。接着，校长又从口袋里掏出一块糖给他，说："这块糖也是奖给你的，因为当我不让你再打人时，你立即住手了，这说明你很尊重别人，我应该奖你。"

继而，校长又掏出第三块糖，说："我调查过了，你之所以追打那个同学，是因为他不守游戏规则，而且欺负女生。你打他，说明你很正直善良，有跟坏人斗争的勇气，应该奖励你！"

听到这里，小同学感动极了，他流着眼泪后悔地说："校长，你处罚我吧！我错了，我不应该打人，他不是坏人，是我的同学呀。"

校长满意地笑了，他随即掏出第四块糖，递给小同学："为你正确地认识错误，我再奖给你一块糖。"待他接过糖，校长说："我的糖给完了，我看我们的谈话也结束吧。"说完他们一起走出校长室。

在污泥中发现花草的种子，在黑夜里发现星星的光芒，在无知的顽劣中发现璞玉的美质……四块糖，让孩子看见了自己的四个优点，让他得到了自尊，让他得到了自省和自悟的机会，让他有勇气承认过失，这不正是我们想要的结果吗？

学会欣赏别人

圣诞节临近，美国芝加哥西北郊的帕克里奇镇，到处洋溢着喜庆、热烈的节日气氛。

正在读中学的谢丽拿着一叠不久前收到的圣诞贺卡，打算在好朋友希拉里面前炫耀一番。谁知希拉里却拿出了比她多10倍的圣诞贺卡，这令她羡慕不已。

“你怎么有这么多的朋友？这中间有什么诀窍吗？”谢丽惊奇地问。

希拉里给谢丽讲了两年前她的一段经历——

“一个暖洋洋的中午，我和爸爸在郊区公园散步。在那儿，我看见一个很滑稽的老太太。天气那么暖和，她却紧裹着一件厚厚的羊绒大衣，脖子上围着一条毛皮围巾，仿佛天上正下着鹅毛大雪。我轻轻地拽了一下爸爸的胳膊说：‘爸爸，你看那位老太太的样子多可笑呀。’

“当时爸爸的表情显得特别的严肃。他沉默了一会儿说：‘希拉里，我突然发现你缺少一种本领，你不会欣赏别人。这证明你在与别人的交往中少了一份真诚和友善。’

“爸爸接着说：‘那位老太太穿着大衣，围着围巾，也许是生病初愈，身体还不太舒服。但你看她的表情，她注视着树枝上盛开的丁香花，表情是那么的生动，你不认为很可爱吗？她渴望春天，喜欢美好的大自然。我觉得这老太太令人敬佩！’

“爸爸领着我走到那位老太太面前，微笑着说：‘夫人，您

欣赏春天时的神情真令人感动，您使春天变得更美好了！'

"那位老太太似乎有点儿意外，她激动地说：'谢谢，谢谢您！先生。'她说着，便从提包里取出一小袋甜饼递给了我，'孩子，你真漂亮……'

"事后，爸爸对我说：'一定要学会真诚地欣赏别人，因为每个人都有值得我们欣赏的优点。当你这样做了，你就会获得很多的朋友。'"

这就是谢丽有很多朋友的秘密。

你的狗真的很漂亮，简直和你一样英俊潇洒。

阳光是对花儿的赞美，雨露是对禾苗的赞美，月夜是对爱的赞美。

赞美不是恭维，不是阿谀奉承，也不是故意撒谎。赞美是发现美，然后把这种发现告诉别人。

窗外的微笑

她是一位漂亮的幼儿园老师。在一次意外的火灾中，她为了抢救两个孩子，被烧成重伤。

当医生慢慢揭开她脸上的纱布后，她被镜子里的那张脸吓哭了。她把自己锁在病房里，不愿见人。失去了美丽，她感到失去了一切。甚至，她想轻生。

医生和她谈了好久，最后说："你不让别人看到你，怎么能断定别人会给你厌恶的目光，还是赞美的微笑呢?"

看到一张丑陋的脸，人们怎么会给你微笑？她痛苦地想。可是，第二天她忍不住，把脸悄悄从窗口前露了出来。

从前面走过来一个英俊的男人，她的心猛地一紧。男人放缓了脚步，眼光紧紧地盯着她。她感到羞愧，正要将脸藏起来，却看见男人对她露出了微笑。那一刻，她心中充满感激。

一个抱着孩子的女人走了过来，对她微微一笑；又过来一对年轻的夫妇，他们也对她露出了灿烂的笑脸；一个老人从窗下经过，抬起头，看着她说："姑娘，你真美……"

她在窗前趴了一天，几乎所有看见她的人，都对她露出了微笑。她感动了，失去了往日的美丽并没有如她想象的那样糟糕，至少，人们还愿意接受她。

女孩终于走出了病房，在绿树掩映的院子里，她情不自禁地向自己的那扇窗望去。啊，她被深深地镇住了——原来，在窗户旁边的墙上，写着一行字：请对这个勇敢的女孩笑一笑。

每个人都是演员，也都是观众。我们不要吝啬自己的手，多为他人鼓掌；不要吝啬自己的表情，多对他人微笑；不要吝啬自己的声音，多为他人喝彩。

赞美，有时像一支蜡烛，照亮黑暗；有时是一片阳光，给人温暖；有时是一座路牌，为他人指引方向。

不为批评家树碑

琼·迈克尔是一位前途无量的年轻钢琴家，可他在演奏时，经常紧张得手指像灌了铅似的。他很在意自己的演奏水平，以至于对别人的批评过于敏感。

不幸的是，在那个年代，如果一个批评家不能挑出别人的毛病，似乎就不能被称作批评家。

有一次，琼·迈克尔应邀到芬兰首都赫尔辛基去表演，所有的富人、名流和政要都到场了。那天晚上演奏时，琼·迈克尔觉得一切都不对劲儿，心里懊恼得厉害，觉得这是他迄今为止最糟糕的一场音乐会。

第二天的报纸上，评论家们发表很多评论意见，而且用词非常刻薄，充满讽刺。这位年轻的钢琴家受到了沉重的打击。

他坐在旅馆的房间里，陷入绝望之中。这时有人敲门，来访的是芬兰著名的作曲家西贝柳斯，他专门来祝贺琼·迈克尔，他说："你昨晚的演出非常成功，我从你的手指上看见了灵魂的跳动。"

"您怎么看待报纸上的那些评论？"琼·迈克尔问他，"他们说我手指不灵活，缺乏想象力，演奏毫无技巧，死气沉沉的。你都看到他们怎么说的了吧？"

西贝柳斯看了看年轻的演奏家，回答说："记住，孩子，世界上没有任何一个城市会为批评家树碑，批评不能给我们带来任何成就。"

批评也许都出于好心，但是，相比之下，欣赏和夸赞更能给人信心，也更能激发进取的动力。批评的工具可以偶尔使用，但不要让它成为你的习惯。

如果批评真的能让人进步，如果批评真的能促进人的成长，我们这个世界一定到处都是天才。

赞赏效应

华克公司在费城承建一座办公大厦，就在大厦要完工时，承包铜器装饰材料的供应商突然以种种理由停止供应。由于缺少铜材料，只能眼睁睁地看着工程停下来。工程不能如期完成的话，除了要交付巨额的罚款之外，华克公司还要承担信誉上的损失，这对公司来说，恐怕比罚款所带来的损失更大。

打电话，对方一味地敷衍；发传真，对方也不予理睬。当初认为大厦的铜器装饰不过是一个很小的工程，所以，并没有与铜器供应商签订十分严密的供货合同。没想到就是这小小的疏忽，竟然在节骨眼上缚住了公司的手脚。华克公司决定派卡伍到勃洛克林市，与铜器供应商当面交涉。

第二天上午，卡伍走进了铜器供应商的办公室，一进门他就兴奋地说："你知道吗？我在勃洛克林市发现了一个极大的秘密。"铜器供应商瞪大眼睛，好奇地问："是什么秘密呀？"

卡伍说："今天早晨，我翻看电话号码簿时，意外地发现，在整个勃洛克林市，只有你一个人叫这个名字。看来你是一个独一无二的人啊！"

铜器供应商听后心里乐滋滋的："我还从来没注意呢。"于是，他饶有兴趣地打开了办公桌上的电话号码簿。"哈，还真是这么一回事呢！"接着，他很自豪地谈论起了他的家世。

等这个话题谈完，卡伍又说："许多人谈起你的企业都赞不绝口，说同行中你们是设备最完善的一家。"铜商骄傲地回答："是的，这个工厂的确花去了我很多精力和心血，如果你高兴的话，我愿陪你一起去看看。"

于是，他们一起来到工厂。卡伍非常专业地指出哪些方面要比别家工厂先进，特别是对几种特殊的机器设备，更是赞不绝口。卡伍的赞赏，使铜器供应商感到遇上了知音，他告诉卡伍，那几台机器是自己用几年的时间研制发明的，也是他的得意之作。卡伍由衷地赞叹道："我们公司能遇上像你这样既能干又智慧超群的合作者，真是我们的幸运啊！"

铜器供应商执意要请卡伍共进午餐，卡伍也不推辞。最后，铜器供应商自己先笑了起来，他说："我原以为我们之间一定会爆发一场口舌之战，我也早已做好了应战的准备。没想到见面后竟然谈得如此愉快。好了，你先回费城吧，我保证你们订的货会准时送到，尽管有人等着出更高的价钱。"

当你心存不满和责难的时候，连狗都不愿意向你摇动尾巴。

赞美比握在一起的手更有力，比拥抱在一起的胸膛更温暖。

欣赏是一种善良

1852年秋天，屠格涅夫在打猎时无意间捡到一本皱巴巴的《现代人》杂志。他随手翻了几页，竟被一篇题为《童年》的小说所吸引。作者是一个初出茅庐的无名小辈，但屠格涅夫却对他在小说中表现的才华十分赏识。

屠格涅夫四处打听，得知这位作者是由姑母抚养长大的。于是，几经周折，他找到了这位姑母，表达了自己对作者的欣赏与肯定。姑母很快就写信告诉自己的侄儿："你的第一篇小说在瓦列里扬引起了很大的轰动，大名鼎鼎的作家屠格涅夫逢人就称赞你。他说：'这位青年人如果能继续写下去，他的前程一定不可限量！'"

作者收到姑母的信后惊喜若狂，他本是因为生活的苦闷而信笔写篇文章打发时光，没想到能得到屠格涅夫的赞誉。这封信一下子点燃了青年人心中的火焰，使他找回了自信，寻找到了人生的价值，于是他一发不可收拾地写了下去，最终成为享誉世界的文学家、思想家。

这个人不是别人，他就是享誉世界的俄国著名作家列夫·托尔斯泰。

一位记者，曾报道过一个偷窃案件。这个窃贼作案手法非常细腻，屡屡犯案，从不失手。在文章结尾，记者情不自禁地感叹："心思如此细密、手法那么灵巧、风格这样独特的小偷，如果他能改邪归正，做任何一行都会有所成就！"

记者不曾想到，他 20 年前无心写下的这句话，竟影响了一个青年的一生。当年的小偷成了著名的企业家！在一次邂逅中，这位企业家诚挚地对当年那位记者说："感谢先生的那篇文章，您的话让我重新思考人生。为什么我从没想过做其他正当的事呢？在此之前，没有人赞赏过我，我接受到的只有诅咒。而您慈悲的话语，让我感到温暖，使我重新看见自己的价值。读了您文章的那一刻，我就下定决心，脱胎换骨，重新做人。"

这位当年的小偷，就是意大利拉姆尼公司董事长阿尔瓦洛。

斑马和狮子走在一起，它们都被对方的美貌所迷倒。

培根说："欣赏者心中都是朝霞、露珠和常年盛开的花朵；漠视者冰结心城，四海枯竭，丛山荒芜。"让我们在生活中多一些欣赏吧，欣赏是一种给予，一种馨香，一种沟通与理解，一种信赖与祝福。

第一笔稿费

男孩写了一篇4只魔法动物开着旧车帮助小孩的故事，首领是一只兔子，名叫“把戏兔先生”。故事只有4页长，用铅笔写的。

当男孩的作品写成后，他拿给妈妈看。妈妈坐在起居室，立即将她正在看的书搁在一旁，读起儿子的作品来。看得出来，她很喜欢儿子的作品，因为这个故事让她开怀大笑。

虽然如此，男孩仍不确定，妈妈是真心喜欢，还是为了不想让自己伤心。

“这是不是模仿的?”妈妈问。

“没有，这次不是。”

妈妈告诉他说，这个故事好得可以出书了，男孩听了简直乐不可支。接下来，他写了兔子先生和它4个朋友的故事。妈妈为此赏了他1美元作为稿费。

4个故事，每个25美分，那是男孩领到的第一笔稿费。

后来，这个男孩还写过剧本、专栏评论，曾担任电影导演、制片人以及演员。主要作品有《肖申克的救赎》《穹顶之下》《迷雾惊魂》《午夜行凶》《骑弹飞行》《危情十日》等，作品销售超过3亿册。2003年，他获得美国文学杰出贡献奖章。

这个小男孩的名字叫斯蒂芬·金。在美国，几乎没有谁不知道这个名字。即使在世界的其他国家，如果年轻人不知道这个名字，他也可能会遭到鄙视——因为，斯蒂芬·金太有名了。

每个大人都会给孩子钱，但这些钱大都是为了满足食物、玩具和鞋帽的要求，有多少钱是伴随着欣赏和鼓励，为了满足一个梦想呢?

微笑的花朵

美国女教师莎伦刚到丹尼尔·韦伯斯特小学任教时，班上有个名叫道格拉斯的学生，个头矮小，性格内向，样子也不讨人喜欢。开学的第一堂课上，别的学生都大大方方地站起来向老师介绍自己，唯有他低着头，一言不发。这时不知谁说了声：“他是个胆小鬼，从来不敢在课堂上说话。”

莎伦责备地看了一眼说话的学生，快步走到道格拉斯身边，双手托起他的小脸，对他微微一笑：“我的孩子，为什么要低着头呢？能告诉我你叫什么名字吗？”没想到道格拉斯的脸上立即露出了羞涩的笑容，虽然声音不大，但却很有力：“我叫道格拉斯！”

在以后的课上，莎伦总是带着微笑听学生们回答问题，课后微笑着和学生们道“再见”。每次在路上遇到道格拉斯，莎伦总会对他会心地一笑。慢慢地，道格拉斯也会笑着回应说：“老师好。”

道格拉斯的学习成绩不太好，每次作业都会有许多错误，就连几次简单的语文小测验，他的成绩也总是“D”。于是，莎伦批改作业时，便在道格拉斯的作业本上画一个笑脸，在旁边注上“你进步了，孩子”“继续努力，我的孩子”等。在莎伦一个又一个“笑脸”的鼓励下，道格拉斯的学习成绩慢慢跟上来了。

果然，在第二次进行语文测试时，道格拉斯第一次得了

"B"。评讲试卷那天，当莎伦把卷子递给道格拉斯时，十分开心地对他说道："好样的，道格拉斯，我为你感到高兴!"道格拉斯也开心地笑了，那笑容里有一种让莎伦为之动容的东西。

感恩节快到了，莎伦叫学生们每人动手制作一张卡片，送给自己喜欢的朋友。有的学生画一桌丰富的感恩节佳肴，有的画一只香喷喷的火鸡，有的画一块大大的看起来香喷喷的面包。道格拉斯画了一张线条简单、张大嘴巴的笑脸。

莎伦老师把大家画好的卡片一一拿出来展示欣赏，每个人都逐一站起来讲解自己制作卡片时的想法。

轮到道格拉斯的时候，莎伦问他："为什么单单画一张笑脸呢?"不等道格拉斯回答，女生凯蒂便抢着说："我想，道格拉斯画的一定是上帝的脸，因为他赐给了我们食物。"一位男孩举手说："我觉得是农夫的笑脸，因为他的粮食丰收了，还饲养了很多火鸡。道格拉斯，我说得对不对?"

道格拉斯不停地摇头："不，这不是上帝的脸，也不是农夫的脸。"

莎伦走到道格拉斯身旁，弯下腰，问："告诉我，那张画是什么意思?"

"那是老师的笑脸，老师。"他怯生生地回答，"我觉得世界上最漂亮的，就是老师的笑脸。"

莎伦眼里顿时涌出了幸福的泪花。

有多少幼小的心，在微笑的阳光下开放；有多少稚嫩的微笑，在冷漠的蔑视中凋零。

如果我们想帮助一个人，那就首先把你的赞美送给他；如果我们爱一个人，就用我们的微笑装饰他的生活。

鲍伯的成长史

从幼年到青年，鲍伯曾经在5个寄养家庭生活过，童年时的他一直希望有人爱自己、欣赏自己。

9岁的时候，负责料理他的保育员新换了一个人。那时候，他正要从一个家庭寄养到另一个家庭去。在填完所有的文件之后，这位新来的保育员让他坐下来，直视着他的眼睛说："鲍伯，我希望你永远记得，你是值得别人为你花费时间和精力的！无论住在谁家，他们都有理由为你感到骄傲！"

鲍伯从来没有听到谁对他说过这样的话。以后，每次遇到这位保育员，她都会对鲍伯说同样的话。那句话在鲍伯的心里扎下了根，他肯定地知道，那句话表达的是对自己的欣赏。因为这句话，鲍伯不再像以前那么内向，也不再看不起自己。

鲍伯16岁时大学就毕业了，但他认为那不是因为自己聪明，而是因为他能够在那里生活得如鱼得水。他很快就在奥尔巴尼纽约时报社找到了一份抄写员的工作，他的第一任上司是一个名叫玛格丽特的女人。

鲍伯在那儿工作了6个月之后，有一天，玛格丽特把他叫进了自己的办公室，请他坐下来。鲍伯心想，难道是要解雇我吗？不料，玛格丽特直视着他的眼睛，说："我当办公室经理已经15年了，这段时间，我一直在观察你，我相信你很有前途。"那些话，让鲍伯对未来充满希望，对自己充满信心。

在以后的工作中，鲍伯一直努力做到最好。16年后，他成了奥尔巴尼《纽约时报》的发行人；又过了 7 年，他成了赫斯特报系的执行总裁。而这一切，全都源于那些简单而真诚的欣赏。

因此，当你欣赏一个人的时候，请不要吝惜你的语言。说出来，让那个人知道，这可能会改变他的一生。

世界之所以美好，是因为总有那些充满希望的人。

用赞美为别人铺一条路吧，成就了别人的未来，也成就了自己的美德。

爱情巫师

非洲一个部落的酋长有3个女儿，大女儿和二女儿既聪明又漂亮，还很能干，都是被人用9头牛娶走的。在当地，这是最高规格的聘礼。

小女儿到了出嫁的年龄，却一直没有人肯出9头牛来求婚，原因是她非但不漂亮，还很懒惰，这让酋长觉得很没面子。

后来，一个远乡来的游客听说了这件事，就对酋长说："我愿意用9头牛娶走你的女儿。"

酋长答应了，他对这个陌生的年轻人说："好吧，我愿意。不过我是个诚实的人，我不能收你9头牛，她不值那么多。我只收你3头牛。"

"不，就是9头牛，她值9头牛。"

酋长非常高兴，真的把女儿嫁给了这个外乡人。

过了几年，酋长专程去看望远嫁他乡的小女儿。起初，他还有点儿担心，但他没想到的是，原来那个懒惰的女儿，现在变得勤劳贤惠，她亲自做了美味佳肴款待父亲。不仅如此，从前的丑女孩也不见了，出现在他面前的是一个气质超俗的漂亮女人。

酋长简直不敢相信自己的眼睛，他偷偷地问女婿："难道你是巫师吗？你是怎么把她调教成这样的？"

女婿说："我没有调教她，我只是始终坚信你的女儿值9头牛，所以她就一直用9头牛的标准来要求自己。就这么简单。"

要想改变对方形象，先改变自己的眼睛，那时候你会发现，其实世界是因自己而改变，自己就是人生的化妆师。

你想看见一个美丽，最好先给它一个展现的理由。

等待花开的季节

英国少年艾金森，因为长得憨头憨脑，加上行为举止笨拙而幼稚，成了同学们的戏谑对象，老师们都不愿意给他上课。

有位教诗歌欣赏课的老师，多次哀求他改选别的课程。虽然艾金森是个按时交作业的好学生，但他朗诵作品时滑稽的表情，总是让同学们捧腹大笑，每堂课都会被他搅得令老师头疼不已。而给了他 35 分的历史老师则说："他没有半点历史感。"艾金森的父亲更是认定孩子的脑子有问题，不是白痴就是智障，甚至不愿意跟他说话。

从学校毕业之后，艾金森很久都找不到工作，因为那张憨态十足的脸，还有那笨拙而幼稚的举止。极度自卑的艾金森四处碰壁，苦恼至极，于是他整天消极地躲在房间里。

只有艾金森的母亲认为他是优秀的。母亲是个花匠，她将儿子带到她的花园里，指着各种各样的花草说："每种花草都有开放的机会，那些还没有开放的，只是未到季节。人也一样，每个人都有机会成功，你只是还没有遇到适合你的时机。但是，花草在没有遇到适合自己开放的季节时，需要吸收养分和阳光，储蓄足够的能量等待属于自己的季节来临。所以，你现在也要储蓄足够的能量，那就是学习更多的知识，经历更多的挫折，积累更多的人生智慧，等属于你的季节一到，你自然会绽放出美丽的人生之花。"

艾金森从母亲对自己充满信心的目光中站了起来。尽管后来的好长一段日子里，他找工作时依然碰壁，但他没有气馁，他深深地记住了母亲的话：不是自己无能，只是适合的季节还没有到来。

有一天，艾金森去参加《非9点新闻》剧组的招聘，导演看了他的表演后，情不自禁地大笑起来。等笑声停止之后，艾金森得到一个令他一生难忘的消息：自己被录取了。从此他走上屏幕，走进千家万户的生活。

艾金森饰演的憨豆先生，由于有一点儿笨拙、有一点儿幼稚、有一点儿单向思维、有一点儿腼腆，深受观众喜爱，于是他在英国迅速走红，很快成为世界级明星——艾金森终于等来了开花的季节。

等待花开，花自然会开。如果没有开花，一株草又有什么不好？

改变一生的4个字

“真是蠢得一无是处!”大街上，一位母亲在恶狠狠地教训一个六七岁的小男孩，原因是那小孩走得离她远了些。这位母亲在说这些话时，嗓门大得足以让附近过往的行人都听得清清楚楚，而受到训斥的小男孩只好默默地回到母亲身边，低垂着头，眼睛死死地盯着地面。

这只是短暂的瞬间，然而有时候，正是这短暂的瞬间却会长久地在人们心头萦绕。有些话，也许对说话者而言只是随口说出，对他本人并不意味着什么，然而这些话对其他人，尤其是听话者，却往往能产生无尽的影响。“真是蠢得一无是处!”也许会长久地在小男孩的耳边回荡。

一个叫马尔克姆·戴尔凯夫的职业作家，现在已经48岁了，在过去24年的作家生涯中，他取得了可喜的成绩。在他的自传中，人们听到了这样一则故事。

戴尔凯夫说，小时候他是一个胆小害羞的孩子，几乎没有朋友，也没有信心，总觉得自己什么事也做不了。1965年10月的一天，他所在中学的英语老师——布劳斯太太给全班的同学布置了一道作业，她要求学生们去读哈波·李的小说，然后在小说的结尾处用自己的话续写一段文字。戴尔凯夫回家后认真完成了作业，然后交给了布劳斯太太。现在他已记不起当初他写的内容和布劳斯太太给他的分数了，但他清清楚楚记得，并且永远不会忘记，布劳斯太太在他作文本的空白处批注的4个字——“写得很好!”

“在我读到这4个字之前，我一直不知道自己是谁，也不知道将来我能做什么，”戴尔凯夫说，“直到读了布劳斯太太的评语，我才找到了信心。那天回到家后，我又写了一则小故事，这是我一直梦想着去做却不相信自己能做到的事情。”之后，在读书的业余时间，他又写了许多小故事，每一次他都把自己的作品带到学校，交给布劳斯太太。而布劳斯太太对这些稚嫩的作品则给予了鼓舞人心的、严肃而又真诚的评价。“她做的一切恰恰是当时的我所需要的。”戴尔凯夫说。

不久，戴尔凯夫被学校的报纸聘请为编辑，这使他信心倍增，同时视野也开阔了。由此，他开始了自己成功而又充实的一生。戴尔凯夫坚信，如果没有当初布劳斯太太在他的作文空白处写的那4个字，那么他现在所拥有的一切都不会发生。

在30年后的中学同学聚会时，戴尔凯夫回到了母校，并且拜访了已经退休的布劳斯太太，他向布劳斯太太诉说了那4个字的评语对他一生的影响。戴尔凯夫说，在他的办公室里，他曾经接待过一个年轻姑娘，这位姑娘非常需要鼓励，她向他寻求帮助与建议，因为他是著名的作家。戴尔凯夫像布劳斯太太那样，告诉她：“你做得真好!”他这样说，是要把信心与勇气传给那个姑娘。现在那个姑娘已经成为一名优秀的教师，并且成了他的妻子。

布劳斯太太被这个故事深深地打动了。戴尔凯夫说：“在那一刻，布劳斯太太同我一样意识到，是她自己给予了我和我妻子深深的、永久的影响力。”

“真是蠢得一无是处”和“写得很好”，哪个更好呢？哪个才是“蠢得一无是处”呢?

说一句别人的好，并不会耗费我们多少力气，可是，当它到达接受者那里，就变成了巨大的能量。

仁德

纯良若水的福泽

HARVARD
FAMILY
INSTRUCTION

苏珊的帽子

可爱的小女孩苏珊在念一年级的时候，医生发现，她的身上长了一个肿瘤，必须住院接受3个月的化疗。

苏珊出院后，原本就瘦弱的身子显得更瘦小了，性格也不如从前那样活泼开朗了。最为可怕的是，以前她那一头漂亮的金发，现在都掉得所剩无几了。虽然她那渴望生活的信念与蓬勃的生命力足以与病魔一争高下，她的勤奋和聪明也足以补上被落下的功课。然而，每天顶着光光的脑袋到学校，对于苏珊这样一个六七岁的小女孩而言，无疑是太残酷了。

老师对苏珊的痛苦深为了解，在苏珊即将返校上课前，她对同学们提出："从下周开始，我们要学习认识各种帽子。每个人上学都必须戴着自己最喜欢的帽子，样式越奇特越好！"

星期一那天，苏珊在离开学校3个月后第一次回到她念念不忘的教室，然而，站在教室门口，苏珊却迟迟没有推门进去，她怎么能不担心和犹豫呢？因为，她的头上戴了一顶帽子呀！

可是，让苏珊感到意外的是，门推开后，她发现同学们每人都戴了一顶帽子，和他们千奇百怪的帽子相比，她头上的那顶帽子就显得太普通了，几乎引不起任何人的注意。

苏珊一下子觉得，自己和同学们没有什么两样了，她与伙伴们的交往将不再有任何障碍，她轻松地笑了起来，笑得那样甜美，笑得那样醉人。

一份别人看不见的心意，是老师最美的真情，这份真情仿佛是一双纤细温柔的手，小心地捧起了一颗容易破碎的玻璃心。

英国作家狄更斯曾经这样描述生命的意义：如果我能够弥补一颗破碎的心灵，我便不是徒然地活着；如果我能够减轻一个生命的痛苦，抚慰一个生命的创伤，或者让一只离巢小鸟回到巢里，回到它妈妈身边，我就不是徒然地活着。

杰夫森的美

2009年11月最后一个周末。在美国宾夕法尼亚州的莫克小镇，一场隆重的葬礼正在举行。从四面八方自发而来的人们排成了长长的送葬队伍，默默地为因心肌梗死而死的杰夫森送行。

也许有人会惊讶，一个有着30多年乞讨史的职业乞丐，他平生似乎并没有任何英雄壮举。可是，为什么那么多人都异口同声地说他是一个好人。而且说，他的美，上帝都看得到。

他曾向消防部门报告了3处火险隐患，及时避免了可能发生的重大火灾。

他曾为一位截肢的青年无偿献血500毫升，保证了手术的顺利进行。

他曾向遭受飓风袭击的佛罗里达州的灾民捐献了2000美元，而那是他全部积蓄的2/3。

他曾协助警方捣毁了一个贩毒窝点，并多次向警方提供重要的破案线索，被当地警察尊称为最值得信赖的“眼线”。

他曾花一年多的时间多方奔走，终于帮助两个走失的儿童找到了亲人。

他每年春天都会蹲守在那条繁忙的公路边，悉心地照料那些需要穿越公路去繁殖的青蛙，尽力地帮助它们免遭往来车辆的伤害。他还先后收留过7只流浪猫和3只流浪狗，救助过受伤的猫头鹰和苍鹭。

他山间的简易小屋里，几乎所有的用具都是他从垃圾箱中捡来的。他平素生火做饭，都是从山上捡枯枝和树叶做燃料，从没有砍伐过山上的一棵树。他从不乱扔垃圾，没有用的废物，他会背着走上5公里的山路，送到镇上的垃圾回收站。

他是一个爱美的人，居住的小屋收拾得干干净净，屋前还种了好多的花，屋后栽了果树。他每次出门乞讨前，都要换上干净的衣裳，把头发梳理整齐，仿佛是去见尊贵的客人。

他不管是否有收获，收获有多少，总是面带微笑，知足地过着每一天。人们从没有听到他叹息过，更没有听到他抱怨过什么。

葬礼上，牧师宣读了杰夫森放在衣兜里的遗言："我很感激自己能够生活在这样美好的世界里，我一生都在接受人们善意的关注和帮助，都在感受着爱的温暖，我也十分愿意为这个世界留下一些关切和温暖，只是我做得太少了，少得可能连上帝都看不到。但我还是衷心祝愿这个世界越来越美好……"

"杰夫森，你的美，不仅上帝看得到，世间无数眼睛都看得清清楚楚，不只是今天来为你送行的人，还有许许多多的人，相信他们都会敬重你的美德，都会为你美丽的人生心存敬意。"牧师深情的话语，道出了世人共同的心声。

这就是杰夫森，一个从小失去了一只臂膀、靠乞讨为生的人。以上所举，只是他所做的许许多多感人事件中极少的一小部分。

不问世界给了我多少，只问我是否对得起这个世界，这就是杰夫森的人生信条。难道这不应该成为我们每个人的生活哲学吗?

不是一定要身居高位才能济世，不是必须腰缠万贯才能助人。一举手，一动念，都可以救人于水火，只是看我们愿不愿意。

我们大多数人都比杰夫森健康，都拥有比他更强的力量，但是，我们为他人、为社会做出的奉献比他更多吗?

莫斯科大街上的俘虏

1944年冬天，2万多名德国战俘排成纵队，从莫斯科大街上穿过。马路都挤满了人。

苏军士兵和警察警戒在战俘和围观者之间。围观者大部分是妇女，她们当中的每一个人都是战争的受害者，或者是她们的父亲，或者是她们的丈夫，或者是她们的兄弟，或者是她们的儿子，都让德军杀死了。妇女们怀着满腔仇恨，朝着大队俘虏即将走来的方向望着。

当俘虏们出现时，妇女们把一双双愤怒的手攥成了拳头，士兵和警察们竭尽全力阻挡着她们，生怕她们控制不住自己的冲动。

这时，一位上了年纪的妇女，穿着一双战争年代破旧的长筒靴，把手搭在一个警察肩上，要求让她走近俘虏。她到了俘虏身边，从怀里掏出一个用印花布方巾包裹的东西，里面是一块黑面包。她不好意思地拿出这块黑面包，塞到了一个俘虏的衣袋里，他显得疲惫不堪，两条腿勉强支撑着身体向前挪动。

于是，整个气氛改变了，妇女们从四面八方一齐拥向俘虏，把面包、香烟等各种东西塞给他们。

这是叶夫图申科在《提前撰写的自传》中讲的一则故事。在这个故事的结尾，叶夫图申科写了这样两句话：“这些人已经不是敌人了。这些人已经是人……”

如果心中怀着仇恨，战争就永远不会结束，真正的幸福就永远不会到来。

一块黑面包，彻底“消灭”了敌人，包括眼前的敌人和心中的敌人。宽恕不只是原谅了别人，也原谅了自己。

平凡的善举

法国有一个由志愿者兴起的节日，叫露宿街头周。他们动员安居乐业的人们，每年都在那一周到街头去露宿，以体会无家可归、长年露宿街头者的窘迫和艰难，以激发时代的爱心情怀。在政府的管理部门因为奉命整饬市容市貌而将露宿街头者赶走的时候，他们作为社会的另一些成员主动送上关切，以体现人类社会的心灵尚有温暖的一角。

黑格尔在《生命的哲学》里讲述了这样一个故事：一个被执行死刑的青年囚犯，在被押赴刑场的时刻，围观的人群中突然有一个老太太说："看，他那金色的头发多么迷人！"那个即将告别人世的囚犯听到后，回转身来向老太太深深鞠了一躬，并充满感激地说："如果我的周围多一些您这样善良的人，我也许不会有今天。"

俄国作家赫尔岑在自己的回忆录中谈道，在寒冷的西伯利亚的乡村，出于对流放者和穷人的关怀，形成了这样的习俗：居民夜间都在大门口或者窗台上放一个筐子，里面放一些面包、牛奶或清凉饮料克瓦斯，如果有流放者夜间逃走路过这里，或者穷人走投无路，饥寒交迫又不敢敲门进屋，就可以随手取食，以渡难关。

印度的甘地有一次上火车时，一只鞋被车门挤到车外，他立即把另外一只鞋也抛下去，人们很奇怪，问他为什么要这样做，他说："如果一个穷人正好从铁路旁边经过，他就可以捡到一双鞋子，这或许对他很有用。”

有一个心灰意冷的青年人，因为遭受了巨大的挫折，决定自杀。在自杀之前，他努力回忆自己 20 多年的人生经历，希望能够找到一个让自己活下来的理由。他想了很久，终于，他想到自己读小学时的一件事情。那是一节美术课，他画了一棵风中的杨树，这时，美术老师正好经过他的身后。老师看了他画的杨树后，感慨地说：“多么挺拔伟岸的一棵杨树！你也许可以成为一个优秀的画家呢！”

多年过去了，自己竟然忘记了老师的赞美和期待，竟然也忘记了继续画画！青年人把烦恼和痛苦放到一边，他决定活下来。他重新开始学画，多年以后，他果然成了画家！

德兰修女说过这样一句话：“我们都不是伟大的人，但我们可以用善良的心去做生活中每一件平凡的事。”

行善并不要你付出太多，在别人急需的时候，你奉献一点点就足够。

平凡的善举，就像天空中的星星，虽然每一颗都很渺小，每一颗的光都很微弱，但是，当它们一起闪烁的时候，宇宙就成了灿烂的海洋。

如果你不是寻找借口，不是逃避责任，那就不要说我很平凡，我无能为力，为了这个世界，其实，你总能做些什么。

与上帝共进午餐

有一个小男孩想见上帝。他知道上帝住的地方很远，所以他整理了一个行李箱，放了些面包和饮料上路了。

当走过3个街区，在一个小公园里，小男孩遇到一位老妇人。她坐在椅子上，看着鸽子。小男孩在她旁边坐了下来，打开他的行李箱。他想喝点儿饮料，他发现老妇人看上去像是饿了，于是他给了老妇人一块面包。

老妇人接受了面包，并对他报以感激的微笑。她的笑容是如此美丽，以至于男孩想再看她笑，于是他又给了她一瓶饮料。她再一次向他微笑。小男孩高兴极了！

他们在那里坐了一下午，边吃边笑，没有说一句话。

天开始变黑，男孩觉得累了，他起身离开。他又回转身，跑到老妇人面前，拥抱了她。她给了他最灿烂的一个微笑。

当男孩回到家，他妈妈对他脸上洋溢的快乐感到吃惊。

她问：“你今天做了什么，让你觉得如此快乐？”

他回答道：“我和上帝一起吃了午餐。你猜怎么样？她的微笑是我见到的最美的微笑！”

而那个老妇人也满心欢喜地回到家中。

她的儿子惊讶于她脸上安详的神情，问道：“母亲，今天你做了什么事，为何如此高兴？”

她回答道：“今天我在公园和上帝一起吃面包，他要比我想象的年轻！”

神与我们同在，尤其是当你对人微笑的时候，当你真诚拥抱他人的时候，当你把所有无私捧出的时候……

或许他正抚摩你的脸、你的头发。神在一切美的奉献之中。

为一条鱼辩护

2010年2月，在瑞士的苏黎世法院，当地一位代表宠物、饲养动物和野生动物利益的著名公益律师哥切尔，为他的一个不同寻常的客户进行辩护。

哥切尔为之辩护的是一条22磅重的梭子鱼，这条鱼在挣扎了10分钟后被渔夫捕获。哥切尔辩护的核心在于，渔夫将咬钩的梭子鱼钓上水面所花时间过长，致使梭子鱼遭受过度的痛苦。

疼痛，是人无法忍受的。同样，梭子鱼和其他许许多多的动物，也无法忍受疼痛。如果动物过度的疼痛是由人带来的，那么，人就应该对动物的疼痛承担责任，为动物的疼痛埋单。

这是哥切尔的司法理念，同时也是他博爱的宣言。

这事还得从某天上午说起。这天，哥切尔来到他的律师事务所，当他拿起一份报纸，一幅图片映入眼帘，他震惊了。一条足足4英尺长的梭子鱼，在一只鱼钩上苦苦挣扎。他仿佛听到了鱼的呻吟声，鱼说，我很痛。旋即，哥切尔的内心也感到了疼痛。

哥切尔是个有趣的人，他在23岁时开始对动物权利产生兴趣，当时的一场事故让他10天说不出话，这个经历使他有机会了解无法表达自己感受的动物所受的苦楚。

回到眼前的这幅画面，哥切尔说，此情此景，让他想到了另一幅画面：一位非洲狩猎人，将一只大脚踩在鲜血淋漓的狮子头上……这幅画面让哥切尔感觉到，自己的心也仿佛中了一枪，疼痛弥漫开来。眼前梭子鱼的疼痛折磨着他，他想到必须有人为这条鱼10分钟的煎熬和痛苦承担责任。于是，他帮着动物保护组织起诉作为被告的渔夫，涉嫌残害动物。他要告诉人们，动物，必须以人道的方式捕获。

瑞士，是一个对生命高度尊重的国家，无论是对动物还是对植物。瑞士法律甚至规定，科学家在对植物进行试验之前必须考虑植物的尊严。还有些有趣的规定，比如，养狗的人在购买宠物狗之前必须先修4小时的课程。养群居动物，包括鸟类、鱼类，必须有伙伴。鸟笼和鱼缸必须至少有一面是不透明的，以使里面的鸟和鱼有安全感。

即便如此，哥切尔还是败诉了。原因是，那条不幸的梭子鱼，早已成了盘中的美餐。很明显，哥切尔缺乏物证。不过，哥切尔表示还将选择上诉。只是他觉得，任何进一步的判决，对于这条梭子鱼来说都太迟了。

然而，无论怎样，为一条鱼辩护，就等于在为一切生命的尊严辩护。让制造痛苦的人为痛苦付出代价，这样，才能让所有制造疼痛的手，变得犹疑而谨慎……

人类改变了这个世界，但这种被人类颂扬的改变，并不是都符合自然的法则。人把自己的错误当成业绩，把残忍当成力量，把毁灭当成胜利。这是人类最不可原谅的愚昧和嚣张。

疼痛是任何动物都不愿承受的感觉，死亡是任何生命都不愿接受的现实，而人类，总是毫无愧疚地把这些强加在弱者的身上。

想一想那份疼痛，你那双主宰生命的手，会变得犹疑而谨慎吗？

借你一块钱壮胆

夏目漱石是日本大作家，但他并不是富有者。加上他乐善好施，在经济上屡遭尴尬，这却仍然改变不了他的古道热肠。

有一个跟随夏目漱石的学生叫林原耕三，出身贫寒，筹措不出大学学费，正是在夏目漱石的帮助下才渡过难关。他说："敝人虽非富裕之人，但若万一无法如愿，敝人势当自掏腰包，以为成全门生求学之愿。"

像林原耕三这样得到过夏目漱石帮助的人有很多，然而也不是次次都能够如愿。

一个叫饭田政良的年轻人，仰慕夏目漱石的为人和才华，前来跟随他。年轻人涉世之初，无法自保，到最后连房租都付不起，于是他向老师求助。可是当时的夏目漱石也确实穷得叮当响，不过他似乎总是有办法。

"不巧这回我真是没钱借你。"夏目漱石微笑着说，他转动脑筋，帮学生出主意，"你就同房东说，稿费迟来，请多宽限几天。若房东唠叨也无须理会，横竖错不在你，你收到稿费后会立刻偿还。"

看到学生沉默不语的样子，夏目漱石知道这个男子汉真被房租难倒了，不能放心，只好再次看了一下手边的钱包，那里正好有一块钱。于是，他劝慰学生道："这儿有一块钱，你先拿去买点酒喝，壮壮胆子，勇敢地去跟房东说。"

这个年轻人接过钱，转过身，眼泪就涌了出来。

夏目漱石温情深长，坦荡自然，显出特有的机智可爱和情趣，不生硬，不搪塞，不迂腐，在为人师表的同时，如父、如兄。难怪夏目漱石门下弟子个个对他爱戴有加。林原耕三在《漱石山房众人等》中，开头便赞夏目漱石道：“跟随先生多年，先生一次也未曾开口责骂过我。”

医生，我的托米一直咳嗽，它很难受，它需要你的帮助……

如果我们没有钱助人，就给人家一份心意吧，那样虽不能解身体的饥渴，但足可以慰藉心灵之伤痛。

拿出自己的全部，就是奉献了整个世界。

母亲的小鼓

在班加西最繁华的街道上，凯奇看见一个小女孩不断地向路人解释什么，等问了导游才知道，小女孩在恳求路人敲一面鼓，这面鼓的名字就叫作达姆达姆。

达姆达姆并没有挂在小女孩的腰上，而是在不远处。顺着小女孩手指的方向可以看到，一个中年妇女佝偻着身子站在烈日下，一面中等尺寸的鼓置于她双腿之间，可惜，却没有任何人上去敲打。

凯奇非常好奇，正要上去试一试，却看见导游在使眼色，然后小声告诉凯奇，时局动乱，还是小心为妙，最后还补充道，达姆达姆是一种带有宗教色彩的非洲鼓。于是凯奇点点头，跟着导游便准备离开。

可是，凯奇刚迈开步，小女孩便跪在了凯奇的面前，几近哀号地祈求。虽然她的英语单词很多都念错了，但凯奇还是明白了大概的意思，她求凯奇务必过去敲一下达姆达姆，只要一下就好。

凯奇向导游耸了耸肩，然后很无奈地问小女孩："为什么一定要过去敲达姆达姆呢？为什么只要敲一下就好？"

女孩告诉凯奇，父亲病重，乌库鲁库鲁（非洲信奉的一种神的名字，通过巫师传达旨意）告诉母亲，灾难源于母亲邪恶的眼神，只有达姆达姆的声音可以驱赶邪灵，但是，必须有一千只陌生的手击打它，才会将父亲从死神那儿带回。所以小女孩的母亲一直站在街边，双腿夹着达姆达姆，等着路人上去击打。可惜，街上的人似乎害怕招惹邪灵，没有几个人愿意听小女孩的解释。

凯奇愿意击打，虽然那样做不一定能给小女孩的父亲带来健康，但凯奇知道，至少可以让小女孩和她的母亲感到些许欣慰。凯奇不再理会导游的劝阻，转身便向那位母亲走去。可是小女孩却又突然把凯奇拦住了。她请求凯奇一定要轻轻地敲打。

为什么还要轻轻地敲打？凯奇问她："这也是乌库鲁库鲁的旨意?"小女孩似乎生怕凯奇反悔，赶紧回答道："不是的，请您可怜可怜妈妈吧，她最近越来越虚弱了，肯定是因为达姆达姆的声音带走了她的生气。求您了，求您务必轻轻地敲打，不要让妈妈也倒下。"

凯奇心头一震，这时候才发现，那位双腿夹着达姆达姆的妇女脸色苍白，但绝不是所谓的鼓声削弱了她的生气，而是在烈日的炙烤下中了暑。看着小女孩哀求的眼神，凯奇突然觉得，没必要跟她解释任何医学的常识，凯奇只需要按照她的意思，用手掌在达姆达姆上轻轻地敲打一下。

通过导游，还有当地英国所设的红十字会，第二天，凯奇再次看到了这个小女孩。在她的家里，当工作人员将带来的药物和食品交到小女孩的手里，并告诉她，服了药之后，她的母亲和父亲都会很快康复时，小女孩一下子欢跳起来。

那天离开的时候，小女孩将达姆达姆夹在双腿之间，一边击鼓一边歌唱。工作人员告诉凯奇，那首歌的名字叫《诺兹波妈妈》，象征着生命永恒、至爱无边。

你遇到的每一个请求背后，或许都有说不尽的难言之隐。千万不要放弃那些举手之劳，它可能会卸下另一个人的千斤重负。

爱的赎价

复活节的早晨，托马斯牧师到教堂去主持礼拜的时候，手里提着一个破旧的鸟笼。他把鸟笼放在讲台上，教堂里的弟兄姊妹们都愕然了。这时，牧师缓缓开口讲了他昨天的经历。

昨天他穿过镇子的时候，迎面碰上一个小男孩，手中晃荡着这个鸟笼。几只小鸟瑟缩在笼子里，寒冷和恐惧使它们全身都在颤抖。他拦住那个男孩问道："孩子，你拿的是什么呀?"

"只不过是几只上了年纪的野鸟。"男孩回答说。

"那你要把它们怎么样呢?"牧师又问。

"带回家去玩，"他说，"我要好好折腾它们，把它们弄得筋疲力尽，再拔掉它们的羽毛。我想这一定挺有意思。"

"但你迟早会玩厌的，那时你将怎么处理这些小鸟呢?"

"我养了几只猫，"男孩怪笑着说，"它们可喜欢小鸟了。"

托马斯牧师沉默片刻，忽然说道："我想买下这些小鸟，你开个价吧，孩子。"

"什么?"男孩简直不敢相信自己的耳朵，"得了吧，牧师，您不会喜欢这些鸟的，它们只是些普普通通的野鸟，又老又笨又难看，叫声也不好听。"

"开个价吧。"牧师又重复了一遍。男孩怀疑地打量着牧师，似乎在琢磨着他是不是疯了。"10美元，怎么样?"

牧师立刻从衣袋里掏出一张10美元的钞票递给他，男孩扔下鸟笼兴冲冲地跑了。牧师小心翼翼地提起笼子，向街心公园走去——那里有一棵大树，树下是绿茵茵的草坪。

他把鸟笼放在草坪上，打开笼门，轻轻地拍着鸟笼，柔声哄出笼中的小鸟，把它们放飞了。这就是鸟笼的由来。

然后，托马斯牧师又讲了另一个故事：

有一天，耶稣碰上了刚刚从伊甸园回来的撒旦。那魔鬼手中拎着一个以罪和死为栅栏的笼子，幸灾乐祸地笑道："看哪，我把全世界的人都抓进这个笼子了！这些人都经不起我的引诱，统统掉进了陷阱！整个世界的人都掉进去了！"

"那你要把他们怎么样呢?"耶稣问道。

"拿他们找点儿乐子啊！我要教他们怎样玩弄感情、背信弃义，怎样纵情声色、沉沦堕落，怎样彼此诋毁侮辱，怎样相互仇恨；我还要教他们如何制造和发明各种致命的武器，训练他们互相残杀——这该多有意思啊!"

"然后呢?"耶稣又问。

"啊哈!"撒旦狂傲地一笑，"然后把他们都杀掉!"

"我要买下这些人，你开个价吧。"耶稣平静地说。

"得了吧！你不会喜欢这些人的，他们都坏透了，简直是十恶不赦，而且全都忘恩负义，你救他们，得到的报答只会是他们的仇恨！他们会对你施尽凌辱唾骂，还会把你钉死在十字架上的！没有谁会愿意救赎这样的罪人!"撒旦嘲笑道。

"开个价吧。"耶稣仍旧平静地重复道。撒旦的脸上露出阴森的冷笑："他们的赎价就是你的鲜血、眼泪和你的全部生命，怎么样?"

"成交。"耶稣无惧地回答。然后，他就付出了这赎价——他的鲜血、眼泪和全部的生命。

托马斯牧师讲完这个故事，没有再说什么。他提起那个鸟笼，默默地走下了圣坛。

连魔鬼都不屑的人类，上帝却愿意用鲜血、眼泪和生命来救赎。不是人类让神的救赎有了意义，而是上帝的救赎让我们的生命有了价值。

爱赋予谁，谁就可以得到新生。爱我们的敌人，不是为了怂恿敌人的恶，而是挽回他们的良善。

几枚硬币改写命运

世界上最早的火车只在机车里装有一个制动器，出现紧急情况时，火车司机必须用手去扳制动手轮，既不方便且效力不大。一个年轻人曾目睹了一起可怕的火车事故，很多人当场丧命。正是因为制动器力量不够，不能迅速停车的缘故。

一天，这位年轻人闷闷不乐地在办公室里坐着。这时门开了，一个衣衫褴褛的女孩走进来，请他买一份《生活世纪》报。他告诉她，自己连早餐都买不起了，哪里还有心思看报纸呢？女孩就转身向门外走去。他看着女孩悲哀失望的背影，又把她叫了回来，他仔细搜索自己的口袋，终于找到了可以购买一份报纸的硬币。

然而这几枚硬币不但改变了他的命运，也改变了全世界人的命运。

那份报纸上有一篇文章，报道当时在蒙塞尼山下开凿一条隧道的情况。文章说，工人们在开凿隧道时采用了大功率的凿岩机，而这些凿岩机是由压缩空气驱动的。职业的敏感让这位年轻人对这个信息产生了极大的兴趣。

是否可以利用压缩空气来驱动制动器？假如压缩空气的力量足以在隧道里推动凿岩机，那么它也能使沉重的列车停止而避免相撞。事实证实，他的想法是正确的。

经过反复尝试，一种新式制动器诞生了。从那时起，他的发明在世界各地的铁路上被采用，也拯救了千万人的生命。他就是法国压缩空气制动器的发明人——威斯汀·豪斯。

后来，当有人问及威斯汀·豪斯是怎样产生用压缩空气来驱动制动器的想法时，他只说了一句话："我的成功要归于一枚平常的硬币。"

爱总会给我们带来奇迹，并且总是以我们意料不到的方式。

那些失望忧伤的背影，不只是给我们带来怜悯和辛酸，只要我们在怜悯和辛酸中加上一份真诚的关怀，加上一枚珍贵的硬币，它们就变成了生命的馈赠，变成了新的希望。

玛丽尔达的河豚

在巴西亚马孙河边，有一个叫新艾郎的小镇。

小镇的码头边，有一座水上餐馆。餐馆的主人是个中年妇女，她的名字叫玛丽尔达。玛丽尔达是个善良的女人，她经营的餐馆物美价廉。一些常在亚马孙河上来往的人在经过新艾郎镇时，都会到她的水上餐馆歇脚用餐。

一天傍晚，玛丽尔达正准备打烊，忽然听到餐馆后面传来水声。她打开餐馆后门，见平静的河水中有水花泛起。当她用手电筒照射河面时，两只粉色河豚出现在她的视野里。此时，它们正在水里无力地游动着，并顺着手电筒的光束仰望着玛丽尔达。

玛丽尔达有些惊讶，因为她以前只是听说过粉色河豚，却从没有看见过。但是看着河豚微微张开的嘴和求助的目光，玛丽尔达想到了它们是在向她讨食物。一定是因为饥饿，它们才到餐馆下面的水域来的。玛丽尔达想到餐厅里还剩下几条没有卖掉的鱼，就急忙拿出来，扔给河豚。果然，河豚马上将鱼吃光了。然后，它们又看了看玛丽尔达，便消失在河面上。

玛丽尔达没有想到，几天以后的一个傍晚，两只河豚又来了。于是玛丽尔达又像以前一样，扔给它们一些卖剩下的鱼。从此以后，这两只河豚每隔几天，便会来这里，而喂养河豚也成了玛丽尔达的一项工作。她觉得，自己和河豚已经成了好朋友。

几个月以后，亚马孙河流域下起了大暴雨，洪水开始泛滥，玛丽尔达被迫撤退到河边的高地上。她眼看着自己赖以生存的水上餐馆和全部家当被洪水冲走却无可奈何。而那两只河豚，在大洪水后再也没有出现。水灾过后，玛丽尔达开始准备重建餐馆，但一无所有的她再也无能为力了，她只是在原址上搭建了一个简易的小屋，过着困苦的生活。

那是一年以后的一天傍晚，玛丽尔达又听到了熟悉的水声。她不由得一阵惊喜，知道是河豚回来了。接下来，她看到了惊奇的一幕，两只河豚后面的水里居然是一片粉红色的。“天哪，那是十几只河豚!”玛丽尔达明白了，两只河豚带着繁衍的后代回来了。从这天开始，河豚们再也没有离开玛丽尔达。虽然自己一贫如洗，但是看到这些欢快的河豚，玛丽尔达每天都生活得快乐而满足。

粉色河豚，在亚马孙河是很少见的，有关粉色河豚的美丽传说和故事，总是吸引着世界各地的游客来到亚马孙河流域。就这样，玛丽尔达与她的这些粉色河豚，渐渐成了亚马孙河边的一景。游客在经过新艾郎镇时，都会到玛丽尔达的小屋来看河豚，拍河豚。玛丽尔达的小屋，成了一个旅游景点，玛丽尔达用门票所得，精心地喂养着这些河豚。

后来，一些科学家、动物学家和动物保护组织也纷纷来到这里做研究，巴西政府还出资将玛丽尔达小屋附近的水域划为河豚保护区，请她照顾这个河豚种群。

善良的玛丽尔达在喂养两只河豚时，从来没有想过，自己在某一天会得到它们的回报。我们却不得不相信，幸福和快乐总是属于那些乐于付出、不思回报的人。

机遇能不能变成好运，不是机遇决定的，是接受机遇的人自己决定的。

粉色河豚出现在玛丽尔达面前时，她可以捕杀它们，可以驱赶它们，可以置之不理，可以关怀它们……这几种选择一定会带来完全不同的结果。

玛丽尔达选择的是关怀，结果，她得到了相同的回报。

为黑人等车

这是很多年前的故事。在美国的波士顿有个名叫安比斯的小镇，小镇上的居民多数是黑人。小镇上有很多人每天早晨都要坐公交车去波士顿上班。公交车每一小时才经过一次安比斯站，而且公交车司机们有一个默契，有白人等车才会停下来，如果没有白人，他们则完全不理会等车的黑人便扬长而去。

小镇上有一位叫切尔西的白人女性，她是小镇上的一个仓库保管员。为了能让镇上的黑人坐上公交车，她每天早晨都会从家里来到车站，站在那里和黑人一起等公交车。她站在前面最显眼的位置，以便公交车司机能看见她。等公交车到站停下来，所有的黑人上车以后切尔西才转身往回走，她还要赶去看守仓库。切尔西每天如此，从不间断。

有一天，切尔西发高烧，在等车的时候，她昏倒了。切尔西生病的消息很快就传遍了整个安比斯镇，镇上的人都来看望她，他们聚集在医院的门口，谁也不肯离去。后来有位记者将切尔西的事迹公诸报端，整个美国都感动了。

不久，美国国会通过了一条新的法律：在运营时间内，公交车司机每到一站必须停车，不得拒载，否则将被罚款 1000 美元或被判处 10 天监禁。安比斯的黑人再也不用担心被拒载了。

为了表达对切尔西的感激，小镇决定将等车的小站命名为切尔西站，并在那里为她修建了一座铜像。

一个人也能改变世界——每个人都可以，只要你愿意。

几乎没有人拥有改变历史方向的巨大力量，但我们人人都能够通过努力，改变某些事件的一部分。所有这些行动加起来，就构成这个时代的历史和伟业。

从一个开始

著名的特蕾莎修女，以仁爱之心闻名于世。在特蕾莎修女创建临终关怀院的初期，曾有官员对她的行为提出质疑。

官员问："你这么做，难道是为了让贫民窟的人生活得更加舒适吗？"

特蕾莎修女回答道："不，只是为了让死者死得更有尊严。"

官员又问："你打算帮助加尔各答数以百万的病患伤残吗？你帮得过来吗？"

特蕾莎修女没有回答官员，而是惊奇地问道："数以百万？你是怎么数出百万的？你从哪里开始数起？"

官员回答："从 1 。"

特蕾莎修女立刻扳起手指头跟官员说："我也是从 1 开始数起的，1 然后是 2 ，然后是 3 ，然后是更多，现在，我们已经救了很多很多人。"

1979 年的诺贝尔和平奖颁发给了特蕾莎修女。在颁奖仪式上，特蕾莎修女说："当我们与世界相遇时，我们遇到的都是一个人，那个人，或这个人，总之，是具体的人，而不会是抽象的人类。只有爱具体的人，才能爱抽象的人类。"

特蕾莎修女曾说过，我们要从一个开始做起。"在我看来，个人才是重要的。要爱一个人，我们就必须与他亲密接触。假如我们要凑足一定的人数才开始工作，我们就会迷失在数目里，而无法全面照顾和尊重个人。我只相信个别的接触，每一个人对我而言都是基督，他是那时那刻世上唯一的一个人。”

有一个在临终关怀院做过义工的女医生在谈起亲身体会时说：“您知道吗？那不再是多少万或多少亿个穷人，而是一个人，一个具体的我可以亲手触摸的人。”

爱必须是面对面的给予和服务，是亲手去抚摸这一个和照料这一个，而不仅仅是一张支票。

所以特蕾莎修女说：“爱不是赞助。因此别只是给钱，而是要伸出你的手——我们的手何其温暖。”她还说：“我不同意好高骛远的行事态度——爱得从一个人身上开始。”

特蕾莎修女看世界的眼光是很奇特的，她不看那些抽象化了的被我们称为整体的东西，她只看那个具体的个人。这就是她所传扬的神恩。

任何事，无不是从一个开始的。只有先对具体的这一个有意义，然后才可能对许多以至整体有意义。

有一天早上，天刚亮的时候，有个老人到海滩上散步。远远的，他看到海边有个人在跳舞。他就向那个人走去，结果他发现，原来那个人不是在跳舞，而是在捡海星——潮水把无数的海星带到了海滩上，那个人正在把海星一只只地捡起来，送回大海里。

老人觉得这个人正在做的这件事是徒劳的、没有意义的，就忍不住说：“这么多的海星，你捡得完吗？你这样做有什么意义呢?”

那人听了这话，就把一只海星高高地举起，对老人说：“看，对这一只有意义！”

这个美妙的故事，正好解释特蕾莎修女的行为：只有爱具体的个人，才能真爱全人类。

你对眼前的一个人都不愿意伸出援手，你怎么会为远处的一群人奉献爱心?

伟大的人物，就是放大了的小人物；伟大的善举，就是积累起来的小善举。

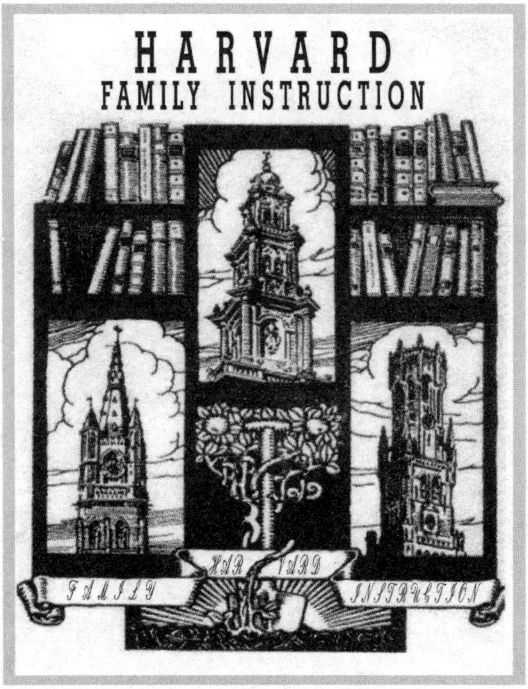

风度

俊逸优雅的魅力

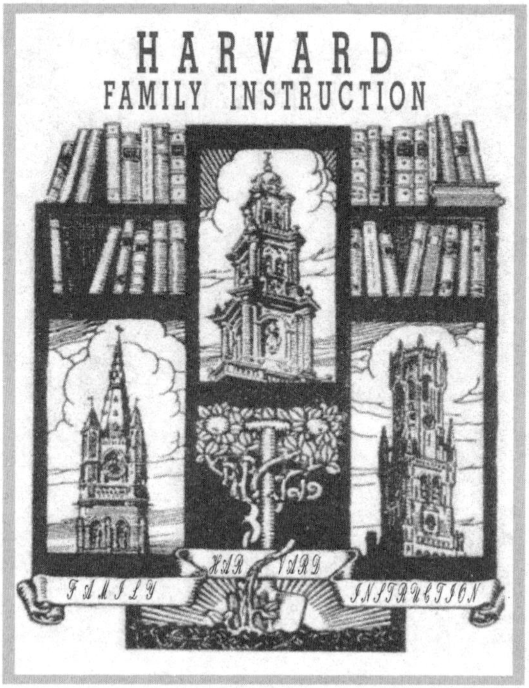

HARVARD FAMILY INSTRUCTION

小费

在冰激凌圣代还很便宜的时代，一天，一个10岁的男孩走进饭店的咖啡厅坐了下来。女服务员把一杯水放在他面前。

“一杯冰激凌圣代多少钱?”他问。

“50美分。”女服务员回答。

小男孩从口袋中伸出手来，研究一下手中的一堆硬币。

“那么，一盘普通的冰激凌多少钱?”他问。

有些人在等座位，女服务员显得有点不耐烦。

“35美分。”她没好气地说。

小男孩再一次清点手中的硬币，然后扬起头说：“我要普通的冰激凌就好。”

女服务员送来冰激凌，把账单扔在桌上，匆匆走开。

男孩吃完冰激凌，付账后离去。

女服务员过来清理桌子，当她看到桌上的东西后非常难为情，因为空盘子旁整齐地摆着两个5美分硬币和5个1美分的硬币。

那正是小男孩留给她的小费。

永远用善意的心去判断一个人，永远用爱的眼光去看待世界，否则，我们会辜负多少美意，会错过多少感动!

杰斐逊总统的忍让艺术

一天，杰斐逊总统正在华盛顿附近的一片草地骑马漫步，碰巧遇到知名的赛马师琼斯。他不仅是一位出色的赛马师，还是一位精明的马匹商人。

琼斯不认识总统，但他职业的眼光一下子被总统的坐骑吸引住了。鲁莽、冒失的琼斯径直策马上前，热情地和杰斐逊搭讪起来，并毫无顾忌地对总统的骏马评头论足，还提出要购买这匹马。

杰斐逊简短地回应了琼斯的评价，礼貌地拒绝了他买马的要求。琼斯并不死心，他不停地游说，不断地抬高出价，因为他越仔细看这匹马，就越喜欢它。

所有的建议都被拒绝后，琼斯沉不住气了，他开始变得粗鲁起来。但他的粗野言行与他的金钱一样，对杰斐逊毫无作用。琼斯已经黔驴技穷，但仍然不肯就此放弃。他要和杰斐逊打赌，看两个人谁的马跑得更快，如果杰斐逊输了，他就得无条件地把马卖给琼斯。可这个提议也被杰斐逊否定了。

琼斯断定这个陌生人不会成为自己的客户，而且绝对是个难以对付的人，于是，气愤之下他扬起马鞭在杰斐逊的马侧腹猛抽了一鞭，想使马突然狂奔起来，这会让那些骑术不高的骑手摔下地来。然而，杰斐逊仍然稳稳端坐在马鞍上，用缰绳紧紧控制着烦躁不安的马，同样也很好地控制住了自己的情绪。

琼斯惊呆了，但他很快便镇定下来，又靠近这个新认识的人，开始和他谈论起政治。作为一个联邦制的坚定拥护者，琼斯开始大肆攻击杰斐逊的政府政策。杰斐逊热情地加入了谈话，并鼓励琼斯就一些时政问题发表自己的意见。

不知不觉他们进入了市区，两人沿着宾夕法尼亚大道一直往前走。最后，他们来到总统官邸的大门前。杰斐逊勒住缰绳，有礼貌地邀请琼斯一起进去。

琼斯惊诧不已，问道："怎么，你住在这里？"

"是的。"杰斐逊简洁地答道。

"嗨，陌生人，你究竟叫什么名字？"

"托马斯·杰斐逊。"

琼斯顿时满脸通红，他用马刺猛踢自己的马，一边跑一边喊道："我叫理查德·琼斯，再见！"说着，便迅即冲上了大路，飞驰而去。杰斐逊总统则微笑地看着他的背影，然后悠然地走进大门。

如果我们明白，所有的人都不完美——包括我们自己，那么，我们就不会对那些冒犯、无理和误解斤斤计较，在面对这一切时，便会心怀怜悯，而不是愤怒；便会真诚宽恕，而不是仇恨；便会用心安抚，而不是反击。

大度地对待别人，比偏狭地憎恶，看起来更美，更有力量，更让人心悦诚服。

完美的晚宴

多年前，印度还是英国的殖民地。英国王室为了缓和与印度的关系，特邀请印度当地居民的首脑访问伦敦，并举行了盛大的欢迎晚宴。

此时，还是皇太子的温莎公爵主持了这次宴会。在一片美好温馨的气氛中，达官贵人们觥筹交错，相谈甚欢。

就在宴会接近尾声的时候，发生了一件意想不到的事情。

按照程序，晚宴结束之前，侍者会为每一位来宾送上一钵清水，用于净手。印度客人看到面前精巧的银制器皿，以为里面盛装的是餐后饮品，于是端起来一饮而尽。在场的贵族个个目瞪口呆，不知如何是好，大家纷纷把目光投向温莎公爵。

只见温莎公爵神色自若，一边与客人继续谈笑风生，一边端起自己面前的银器，像客人那样自然而得体地喝了下去。

于是，大家纷纷效仿，原本要造成的难堪与尴尬，在瞬间消逝于无形。

宴会在一片欢乐声中圆满结束。

如果某种举动震撼了人心，一定不是这种举动本身，而是这种举动背后的那份善意。

父亲的鞋子

诺贝尔物理学奖获得者亨利·布拉格，年少时家庭极为贫困，但是在父亲的支持下，他始终没有放弃读书。布拉格学习非常刻苦，他懂得，只有努力学习，才能对得起父母的辛勤劳作以及他们对自己的厚望。正是凭借着优秀的成绩，布拉格才在小学毕业之后被保送到威廉皇家学院。

威廉皇家学院是英国一座很有名气的学府，在这里读书的大部分学生都是富贵人家的子弟，因而他们的穿着打扮都很时髦。与这些同学相比，布拉格的衣着显得极为寒酸，尤其是那双破旧的皮鞋，在校园里格外引人注目。对于瘦小的布拉格来说，那双鞋子穿在他脚上显得极不合适，因为这本是他父亲穿旧的鞋子。

同学们见布拉格这一身打扮，都向他投去鄙夷的目光，他们甚至像躲避瘟疫般地躲避着布拉格。甚至还有坏学生向校长打报告，诬陷布拉格偷了别人的鞋子。为此，布拉格给爸爸写信，倾诉了自己的处境和痛苦，可是，爸爸没有给他寄来买新鞋的钱，而是寄来了几句嘱托的话语。

有一天，校长把布拉格叫到了办公室，非常严厉地问道："布拉格，有人说你拿其他同学的东西，是不是有这回事？"一听到校长问这样的话，布拉格心里马上明白了是怎么回事。但是他什么也没说，强忍着委屈，把爸爸写给他的信递给了校长。校长打开信，只见上面写道："亲爱的儿子，很抱歉，让你穿着爸爸的旧鞋子去上学，我知道，这一定会受到他人的嘲笑。但我相信，你是一个自强的好孩子，不会因此而感到耻辱。你会努力去学习知识，等到有了成就的那一天，你就会为曾穿过这样一双鞋而感到骄傲和自豪……”

校长读完这封信，不由深受感动，他拍着布拉格的肩膀，用抱歉的语气说道：“布拉格，是我误会你了，我相信你会记住爸爸的话，一定要做个自强的好孩子。”

那以后，布拉格依然穿着爸爸那双旧皮鞋，但是他学习比以前更加努力了。由于成绩优异，后来他又被保送到剑桥大学深造。经过不懈的奋斗，布拉格在 24 岁那年就当上了大学教授，并最终成为举世闻名的物理学家。

最好的装饰不是衣服，而是表情；最好的财富不是黄金白银，而是自强不息。

只要心里怀着远方，不管什么样的鞋，无论什么样的路，都能够让你如愿抵达。

金钱只能让我们更加奢华，唯有知识和学养才真能让我们看起来风度翩翩。

关于愤怒的一堂课

课堂上，老师在教学生什么叫愤怒。“愤怒由火元素构成，”他告诉孩子们，“它烧毁我们赖以为生的生命力，破坏体内的化学平衡，使人失去理智，眼睛发红。如果你想拥有智慧，一定要远离愤怒。”他停顿了一下，接着说：“把刚才讲的内容记下来，明天上课时每人背诵一遍。”

第二天，老师要求所有学生背诵昨天的讲义。同学们齐声背诵了，只有坐在前排的一个男生没有反应。老师走到他跟前，问他：“你不会背吗？”男生盯着课桌没有回答。“明天上课第一件事，就由你来背诵这段文章。”

第三天早晨上课后，老师来到男生课桌前，说道：“好吧，告诉我们你对于愤怒的理解。”男生仍然一言不发地坐着。

“快，告诉我们！你有足够的时间。”

“我好像仍然不很明白，老师，”男生说，“我只知道愤怒和化学有关，其他我都不记得。”

“远远不够！那就接受惩罚吧！”老师用手捶打着课桌，一边捶打一边怒吼。男生哭了，但是不一会儿却露出了微笑。

“你竟然笑得出来。你应该深感羞耻！”老师气得满脸通红。男生笑道：“现在我明白了！我看到了愤怒对人的影响。它使人失去理智，而且眼睛发红。”老师忽然醒悟过来，他止住手，气喘吁吁地说：“请原谅我，这一课你学得很好，而我自己却没有学会。”

愤怒将老师的优雅毁掉，而知错改错的风范，却为他赢得了另一种美誉。

小男孩的祈祷

南希带着孩子们去餐馆用餐。在用餐之前，6岁的小儿子问她，他能不能做一个祈祷。南希微笑地点了点头，随后儿子开始说道："伟大而慈爱的上帝啊，感谢您赐予我们食物，如果您能再赐予我们冰激凌作为甜食，那就更棒了。阿门！"

听到如此的祷告，坐在附近的顾客们不禁笑了起来，突然，一位妇女嘲笑地说道："现在的小朋友连怎么祷告也不知道，竟向上帝祈求冰激凌？"

听到她的话，小男孩泪水夺眶而出，他委屈地质问妈妈："我做错了吗？上帝会责怪我吗？"望着儿子晶莹的泪珠，南希握住他的手，向他保证上帝是不会责怪他的。

这时，一位老先生走到他们的桌前。他向小男孩眨了眨眼，说："我知道，上帝会认为这是一个伟大的祷告。"

"真的吗？"小男孩急切地问道。

"是的，我保证。"然后，他望向刚才那位妇女，小声说道，"遗憾的是，她从来没有向上帝祈求过冰激凌。有时候，一个冰激凌会有益于我们的灵魂。"

餐后南希为每个孩子买了一个冰激凌，她的小儿子盯着自己的冰激凌好一会儿，然后做了一件让人终生难忘的事情。

他静静地走到那位妇女面前，将他的冰激凌放到她的桌前，然后微笑着对她说："这是给您的，夫人。有时候冰激凌会有益于我们的灵魂。今天我的灵魂应该已经很好了。"

缺少爱的心，才会产生嘲笑的冲动；无知和粗鲁，又激励人们把嘲笑表达出来。

孩子是用真心面对世界，孩子的真心时常会绽放出哲理和诗意的花朵。

伟大的投降者

在南北战争的最后阶段，双方的军事力量对比已经越来越悬殊。南军的失败，已经是迟早的事情。是投降还是率众转入丛林游击战？南军总司令罗伯特·李将军，一直在痛苦地思索这个问题。

李将军是老派的职业军人，他所遵守的宗旨是，自己从事的战争必须是一项高尚的事业，“军人”对他的全部含义就是维护人民利益。脱下军装转入民间的游击战，虽然也许能扭转南方军事上的失利，造成划疆而治的局面，但职业军人的荣誉使李将军无法容忍这样的做法。

游击战打破军人、平民的角色区别，将暴力引入民间，把本该由军队承担的责任、伤亡、饥饿、疾病转嫁给平民。而且，游击战必然在民众之间积累起仇恨和报复，给同胞带来长期的痛苦和牺牲。这种军事策略向来为老派军人所不齿。

然而，作为这场战争的敌对方领导者，一旦投降，李将军作为分裂祖国的罪人身份将会盖棺定论。他自己也不知道，如果投降，自己是否会被吊死在绞刑架上。

尽管如此，李将军最后还是毅然决然地做出了一生中又一个重大的决策：向北方投降！

1865 年 4 月，李将军在阿波马托克斯向北军司令格兰特投降，他胯下征战多年的白马“徘徊者”嘶叫悲鸣，似乎在表示不愿忍受投降的屈辱。李将军不顾个人的安危荣辱，只要求联邦善待他手下的士兵，要求允许南方士兵保留各自的马匹解甲归田，因为春耕在即，春耕的农民需要牲口。

李将军与格兰特将军签订了投降书。

格兰特将军知道，李将军的决策对美国历史、对他个人意味着什么。他尊敬李将军的道德和人格，尊敬李将军无私的选择。投降书中，格兰特将军给予了李将军和他的全体部下异乎寻常的尊重：南军军官可以携带手枪或佩剑，而每个军官和士兵都将得到一份由格兰特将军签署的证明书，证明他们是放下了武器的平民，他们都将回到日常生活中去，政府不予追究，不对他们有任何骚扰。

这个结果大大出乎李将军的意料。双方签字后，李将军庄严而伤感地上马告辞。格兰特将军率领部下来到门口送行，全体北方将士一起向李将军举手致礼。

一场历时 4 年多、牺牲 60 多万人的血腥内战，就这样平静地画上了句号。李将军的决策影响了整个美国历史，使美国人民幸运地躲过了一场浩劫。

成功，却没有不可一世、骄横跋扈，而是谦谦礼让；失败，也没有卑躬屈膝、低声下气，而是不卑不亢。

即使在最为落魄的时候，心里还想着别人，这是李将军；即使面对曾经的敌人，依然心怀敬意，这就是格兰特将军。

是伟人成就了历史，还是历史成就了伟人？有什么样的人，就有什么样的历史。

面带微笑的空姐

飞机起飞前，一个乘客要求空姐给他倒一杯水吃药。空姐很有礼貌地说：“先生，为了您的安全，请稍等片刻，等飞机平稳飞行后，我会立刻把水给您送过来，好吗?”

15分钟后，飞机早已进入平稳飞行状态，突然，乘客服务铃急促地响了起来。空姐猛然意识到：糟了，由于太忙，她忘记给那个乘客倒水了！空姐快速来到客舱，小心翼翼地把水送到那个乘客跟前，面带微笑地说：“先生，实在对不起，由于我的疏忽，延误了您吃药的时间，我感到非常抱歉。”这个乘客抬起左手，指着手表叫道：“怎么回事！有你这样服务的吗?”空姐双手捧着水，面带微笑，但是，无论她怎么解释，这个乘客就是不肯原谅她。

在接下来的飞行途中，为了弥补自己的过失，每次去客舱给乘客服务时，空姐都会特意走到那个乘客面前，询问他是否有什么需要，然而，那个乘客余怒未消，摆出一副冰冷的样子。

临到目的地前，那个乘客要求空姐把留言本给他送过去，很显然，他要投诉这名空姐。此时，空姐心里虽然有点儿委屈，但是仍然非常有礼貌地把留言本递给乘客，并真诚地说：“先生，请允许我再次向您表示歉意。无论您提什么意见，我都将欣然接受您的批评!”那个乘客脸色一紧，准备说什么，却没有开口。他接过留言本，开始在本子上飞快地写起来。

等到飞机安全降落，所有的乘客陆续离开后，空姐忐忑地打开留言本。她惊奇地发现，那个乘客在本子上写下的并不是投诉，相反，是一封热情洋溢的表扬信。

是什么使这个挑剔的乘客最终放弃了投诉呢？在信中，空姐读到这样一句话："在整个过程中，你表现出真诚的歉意，特别是你的十二次微笑，深深地打动了我，使我最终决定将投诉改成表扬。你的服务质量很高，下次如果有机会，我还将乘坐这趟航班！"

这是一头时尚的大象，它有时候喜欢白色，有时候喜欢绿色。它不是臭美，它是热爱生活。

反唇相讥和恶意指责，是人们试图战胜别人的惯用手法，并不是因为这个办法有效，也不是这样的办法最好，而是这个办法最简单，最能泄愤。而这样的做法，实际上却恰恰远离我们内心的愿望，恰恰远离了制胜的目标。

微笑没有力，却能让莽夫折腰；容忍没有锋，却能将仇恨斩断。多一些微笑，多一些真诚和善意，人心就多一分温暖和感动。

别停下，继续弹

为了让儿子从小接受艺术的熏染，母亲带着他去听帕德瑞夫斯基的音乐会。待他们坐定之后，那位母亲看到一位熟人，就走过去跟朋友打招呼。

小男孩好不容易有了四处自由走动的机会，看着妈妈离开之后，他也立刻站了起来，并慢慢地摸索到了一扇门旁边。虽然门上写着“禁止入内”，但小男孩还是大胆地走了进去。

大厅里的灯暗了下来，音乐会马上就要开始。那位母亲回到座位，却发现自己的孩子不见了。

幕布徐徐拉开，大厅里的聚光灯都投射到了舞台的士坦威钢琴上。让母亲吃惊的是，她的儿子竟然坐在钢琴面前，自顾自地弹起来。

这时候，著名的钢琴大师走上台，迅速地来到钢琴旁边，在男孩的耳边轻声说道：“孩子，别停下，继续弹。”

帕德瑞夫斯基俯下身去，用左手在键盘上弹奏低音部分，右手绕过男孩的身后，在另一端弹出优美的伴奏。这位年长的钢琴大师和年幼的初学者一起，将原本紧张的气氛变成了一种全新的体验。

当一曲结束，小男孩天真地站起来挥手致意，全场的观众立刻报以热烈的掌声——为小男孩，更为钢琴大师！

最伟大的作品，其中总会萦绕着人性的旋律，闪烁着爱的光辉。

成就伟大，不是技巧，而是心灵。

马瑟夫人的小盒子

“那位马瑟夫人一直在说些什么？”到这家疗养院上班一个星期后，迪恩问前台的一位护士。

“我不知道，我真的不知道，”护士说，“她入院两个星期了，她的家人都清楚她不可能熬到下个月，所以就把她送到这里。不过，她好像对一个白色的小盒子念念不忘。这些天，她老是提起这件事情。”

“白色小盒子？”迪恩疑惑不解。

“你让她穿戴整齐躺在床上就行了，不用理会她絮叨些什么。”护士吩咐说。

每天迪恩一上班，马瑟夫人都会问起白色的小盒子。她整日躺在床上，两只手捂着脸。每次迪恩给她洗脸，把她的手拿开，都会看到泪珠成串地从她的面颊滚落。

“在我死之前，我的白色小盒子……”马瑟夫人喃喃地说。遗憾的是，迪恩始终搞不清楚她在说什么。

见马瑟夫人总是在重复这句话，迪恩决定为她找到这个白色小盒子。根据病人的入院资料，迪恩找到了韦特马克1333号——这是马瑟夫人的住址，此时这套住宅正在被现场拍卖，到处都是车和人。

迪恩在屋子里来来回回转了大约半个小时，边走边看那些被贴上标签的待售物品。餐厅里，有位男士正在往纸板箱里装东西。在餐桌的一个角上，放着一个白色的塑料小盒子。

“请问，我能看看这个盒子里有什么吗？”迪恩问那位男士。

“当然可以，没什么值钱的东西。”

迪恩小心翼翼地打开它，“噢，老天！”他大吃一惊，“把这个盒子送给我，行吗？”

“对我来说它一文不值，那不过是一副假牙而已。”那位男士说。

迪恩拿着那个白色的塑料小盒子来到疗养院，走进了马瑟夫人的房间。“夫人，这是你说的那个白色小盒子吗？”马瑟夫人慢慢地睁开双眼，霎时她全身颤抖起来，哆哆嗦嗦地伸出手拿去了小盒子，声音颤抖着说：“谢谢你，迪恩！”

那天夜里，马瑟夫人去世了。

在马瑟夫人的葬礼上，许多人列队从灵柩旁缓缓经过，向她告别。她的朋友们感叹地说：“马瑟夫人戴上她的假牙，看上去至少年轻了20岁。”

让一个将要离开人世的人实现一个愿望，让一个无能为力的生命得到最后的满足，这难道不算是一个伟大的壮举吗？

如果没有迪恩，马瑟夫人将会在遗憾中离去，那会给她留下一份怎样的伤痛？

生当美丽，死亦当美丽。一个将死的人能这样热爱生活，在世的人们，有什么理由不活得光彩夺目？

控制自己

富兰克林年轻的时候，曾在沃茨印刷厂工作过。其间他和车间管理员发生了一场误会，这场误会导致了他们彼此之间的憎恨，甚至演变成激烈的敌对状态。

每当富兰克林一个人在排版间工作时，管理员就会悄悄地把房间里的蜡烛全部收起来。这种情形一连发生了几次。

有一天，富兰克林正要开始工作，发现蜡烛又不见了，他就径直奔向地下室，找到管理员，并将他痛骂了一顿。岂料对方似乎并不在意，反而冷静地转过头，以一种轻蔑和自制的声调慢条斯理地说："啊，你今天有点儿激动吧，不是吗？"

这句话就像一把锐利的短剑，一下子刺进了富兰克林的身体。他沮丧地逃回排字房，长久地坐在那里陷入沉思。

当富兰克林把整个事情反复思考几遍之后，他立即发现了自己的错误。坦率地说，他很不愿意采取行动来化解自己的错误。然而，富兰克林知道，必须向那个人道歉，内心才能平静。

富兰克林重新去了地下室，把那位管理员叫到门边，对他说："我是回来为我的行为道歉的，如果你愿意接受的话。"管理员脸上立刻露出了微笑，他说："你用不着向我道歉，这里除了这四堵墙壁，以及你和我之外，并没有别人听见你刚才所说的话。因此，我们不如把一切都忘了吧。"

此事成为富兰克林一生中最重要的经历。他说："这件事教育了我。一个人除非先控制自己，否则他将无法控制别人。"

误会和仇恨就像一层薄纸，如果没有一个人将它弄破，没有人愿意让光透过来，那么双方就永远处在看不见对方的黑暗之中。

小机智

珍珠港事件，彻底击碎了美国两洋阻隔的安全感。那时的美国根本就没有准备好战争，没有地对空火炮，只好用木头伪装成高射机枪架，用帆布盖起来，派兵守着，为的是给敌方制造假象。

美国东海岸的防空总部只有几门高射炮，还是临时从瑞典购进的。一天，有个士兵在训练中稀里糊涂把实弹放进炮膛，结果另一个人又不小心踩了炮栓，8 发炮弹就"轰轰"地射向纽约港!

华尔街一座豪华办公楼里，一群商海富豪正在商讨军火投资大计。1 发炮弹尖叫着飞来，打掉了一个楼角。富豪们一瞬间趴在了地上，捂着脑袋，地上到处滚的是眼镜和文明棍。所幸另外 7 发落到了河里，没有造成人员伤亡。

第二天，各大报纸头版头条的消息都是触目惊心的标题：陆军炮打华尔街。

按照事先安排，3 天之后，防空总部的一位将军要到曼哈顿经济学家协会演讲，他让秘书史蒂文写讲稿。将军焦虑不安地说："史蒂文，我在演讲中该怎么跟他们解释呢？我总不能对他们说，我们在搞实弹演习吧?"史蒂文对将军说："您什么都不用讲。"他思索片刻，把自己的想法告诉了将军。

第三天，将军一站到讲台上，果然看见了很多听众，而且还有一大帮新闻记者。不等台下的人发问，将军抢先发言：

"我知道你们要问，那天我们为什么炮打华尔街。首先我来解释一下。年轻的时候，我从阿拉巴马州到西点军校学习，至今已经从军 38 年了。说实话，我一直就想冲着华尔街的有钱人开一炮，可是一直没有机会。那天我终于这么干了一回！"

他的话音刚落，台下就爆发出一片笑声和掌声。不等笑声停止，将军马上接着说："好了，你们终于知道炮打华尔街的事情了，现在咱们开始正题吧。"记者和与会者再没有出难题，这场危机就这样过去了。

积极地面对生活，永远不要退缩，不要回避，再棘手的难题，都会有满意的解决办法。

幽默，可以使严肃正经的问题，在开心的笑声中轻易化解。不要总是板着脸思考问题，当你为一件事束手无策的时候，试着把它变成一个笑话。

好，我马上就出来。不过，我可能会给你们一点小小的惊喜。

一流鞋匠，二流总统

在林肯当选美国总统那一刻，整个参议院的议员都感到尴尬，因为林肯出身贫贱，他的父亲是一个鞋匠。

当时美国的参议员大部分出身名门望族，自认为是上流、优越的人，从未料到要面对的总统是一个卑微鞋匠的儿子。于是，林肯首次在参议院演说之前，就有参议员想要为难他。

当林肯站上演讲台的时候，有一位态度傲慢的参议员站起来说："林肯先生，在你开始演讲之前，我希望你记住，你是一个鞋匠的儿子。"

所有的参议员都大笑起来，为自己虽然不能打败林肯但能羞辱他而开怀不已。

等到大家的笑声遏止，林肯说："我非常感激你让我想起父亲。他已经过世了，我会记住你的忠告，我永远是鞋匠的儿子，我知道我做总统永远无法像我父亲做鞋匠做得那么好。"

大厅内陷入一片静默，林肯转头对那个傲慢的参议员说："据我所知，我父亲以前为你的家人做过鞋子，如果你的鞋子不合脚，我仍然可以帮你修它，虽然我不是伟大的鞋匠，但我从小就跟父亲学到了一些做鞋子的艺术。"

然后林肯对所有的参议员说："如果你们穿的那双鞋是我父亲做的，而它们需要修理或改善，我一定尽可能帮忙。不过，我无法像我父亲那么伟大，他的手艺是无人能比的。"说到这里，林肯流下了眼泪，所有的嘲笑声全部化成赞叹的掌声。

林肯没有成为伟大的鞋匠，但成了伟大的总统，因为，他永远不忘自己是鞋匠的儿子，并以此为荣。

批评、嘲讽、诽谤的石头，有时正好成为通向人生高峰的台阶。

罗纳尔多的暴牙

被称为“外星人”的罗纳尔多，也许是世界上令后卫最头痛的前锋。足球场上，他精准的射门，惊人的启动速度，以及那种无时无刻不在的霸气，足以让每一个后卫恐惧。

可又有谁知道，刚开始踢球时，尽管罗纳尔多有非凡的踢球天赋，但他的表现却让人担忧。因为只要一上场比赛，他就紧闭着嘴唇，他宁愿把奔跑的速度放慢，也不愿意把嘴巴张开自由地呼吸，因为他担心让人看到他那口龅牙。

有一次，一位细心的教练发现了这个问题，他拍了拍罗纳尔多的肩膀说：“罗尼，你的龅牙不是你的错，在场上应该忘记你的龅牙。你只有在球场上取得成功，才能让别人眼中只有你精湛的球技，而忘记你相貌上的缺点。不然，你的缺点永远在别人眼中。”

自此以后，罗纳尔多在踢球时不再刻意惦记自己的龅牙，他像别人那样张开嘴巴自由呼吸。奇迹出现了，他的运行速度大增，球技也突飞猛进，18 岁进入巴西国家队，不到 20 岁就获得了“世界足球先生”的称号。

罗纳尔多功成名就之后，再也没有人在意他的龅牙，相反，很多人认为他的龅牙才是他非同寻常的标志，有的人甚至希望自己也有那样的龅牙，不少女球迷竟然因为他的龅牙而对他特别迷恋。

许多时候，正是一些自以为羞于见人的“缺陷”，束缚了我们前进的脚步。不要管你的“龅牙”，专注于目标，你就能成为另一个赛场上的罗纳尔多。

州长向孩子道歉

朱丽·墨菲是美国俄勒冈州一个7岁的小女孩。受卡通片的启发，小朱丽想试着自己赚钱，她告诉妈妈，想去卖柠檬水。面对儿女的满腔热情，母亲同意了她的要求。在妈妈的帮助下，小朱丽开始了人生的第一次创业尝试：在俄勒冈州摩特诺郡的集市上摆起了卖柠檬水的小摊子。

虽然是第一次做生意，小朱丽却做得有板有眼。她用洗手液将双手洗干净，然后将瓶装水与浓缩柠檬汁混合在一起，再用勺子加入冰块。然后，生意开张。

逛集市的人路过小朱丽的摊子时，花50美分就能买到一杯柠檬水，还能得到小朱丽的一个微笑。

但是，小摊子支起仅仅20分钟，两名穿制服的市场管理员便上前询问朱丽的母亲：孩子有没有卫生许可证？如果没有，就马上收摊走人。因为根据俄勒冈州的法律，临时摆摊需要花120美元办临时卫生执照，如果无照经营，就必须缴纳500美元的罚款。

周围的摊贩们见状，纷纷为小朱丽抱不平，上前和管理员理论："没听说孩子的柠檬水摊子也要办卫生许可证，你们无权把这个小女孩赶走。"气氛开始变得紧张。朱丽的妈妈不愿让事态升级，只好忍气吞声收摊走人。看到自己的"生意"刚刚开张便结束了，小朱丽感到很委屈，不禁流下了伤心的眼泪。

首次创业就这样带着遗憾结束了，但是，事情并没有到此结束。有一位名叫富兰克林的网站记者当时恰巧在场，并用 DV 拍下了事件的整个过程。事后，他将这段视频发到了互联网上，结果，立刻在美国网民中引起了强烈反响，并很快被许多媒体关注。几乎所有的人都站在小朱丽一边。大家纷纷谴责市场管理部门，对他们粗暴的“官僚主义”作风进行口诛笔伐。

俄勒冈州的州长科根闻知此事后，马上召开会议，他要求地方卫生检查员在执行卫生法规时要更加贴近生活，更加符合民心。同时，他还特意打电话给朱丽的妈妈，就市场管理员的粗暴执法正式向小朱丽道歉。

科根说：“对一个 7 岁的孩子而言，摆柠檬水摊子是她人生的第一次宝贵尝试，人为的打击和挫折，不但会扼杀这个孩子的创业梦想，甚至会对她的一生造成不良影响。”

在一个小女孩的面前让步，不是法律不严肃，而是法律有人性。法律绝不是为了制造恐惧，它是为了让人生活得更好。

铁面无私的法，如果偶尔露出一丝微笑，而且是正义的微笑，那也会感人至深。

曼德拉和大猩猩

2000 年，南非全国警察总署发生了一起严重的种族歧视事件：在总部大楼的一间办公室里，当工作人员开启电脑时，电脑屏幕上的曼德拉头像竟逐渐变成了大猩猩！全国警察总监和公安部部长闻之勃然大怒，南非人民也因之义愤填膺。

消息传到曼德拉的耳朵里，他反而非常平静，对这件事并不“过分在意”，“我的尊严并不会因此而受到损害”。

几天后，在参加南非地方选举投票时，当投票站的工作人员将曼德拉身份证上的照片与其本人进行对照时，曼德拉笑着说：“你看我像大猩猩吗？”逗得在场的人笑得合不拢嘴。

不久，在南非东部农村地区一所新建学校的落成典礼上，曼德拉不无幽默地对孩子们说：“看到你们有这样好的学校，连大猩猩都十分高兴。”话音刚落，数百名孩子笑得前仰后合，曼德拉也会心地笑了。

聪明的人，拿自己开玩笑，却得到别人的喜爱；愚蠢的人拿别人开玩笑，得到的多半是反感和厌恶。

特别的回答

第一次登上月球的太空人，其实共有两位，除了大家所熟知的阿姆斯特朗，还有一位叫奥德伦。

当时阿姆斯特朗所说的一句话是：“我个人的一小步，是全人类的一大步。”这句话早已是全世界家喻户晓的名言。

在庆祝登陆月球成功的新闻发布会上，有一个记者突然问奥德伦一个很特别的问题：“阿姆斯特朗率先从太空舱下去，成为登陆月球的第一个人，你会不会觉得有点遗憾?”

在全场的注目下，奥德伦给了一个风趣的回答：“各位，千万别忘了，回到地球时，我是最先走出太空舱的。”他环顾四周，接着说，“所以，我是由别的星球来到地球的第一人。”大家在笑声中，给予奥德伦最热烈的掌声。

正确认识自己，正确认识别人，换一个角度看，我们都是唯一。

世界上没有第一，只有更好。

友情

高山流水的温馨

HARVARD FAMILY INSTRUCTION

蝶的勇气

杰克走在乔治亚州某个森林里的小路上，看见前面的路当中有个小水坑。他只好略微改变一下方向，从侧翼绕过去。

就在接近水坑时，杰克遭到突然袭击。

这次袭击出人意料，袭击者竟然是一只白色的蝴蝶！

杰克笑了，又向前跨了一步，攻击者又开始向他俯冲过来。它用头和身体撞击他的胸脯，用尽全力一遍又一遍地击打他。

杰克退后一步，攻击者因此也延缓了进攻。他再次向前迈步的时候，白蝴蝶又不顾一切地向他冲过来。他不得不再次向后退去。

这一次，杰克干脆退后了好几步，以便仔细观察一下敌情。攻击者见他离开，也撤退了，落在一处泥泞的地上。

就在这时，杰克才明白白蝴蝶为什么要袭击自己。

白蝴蝶有一个同伴，是一只红蝴蝶，就躺在水坑边上。它好像受了重伤，已经不行了。先前的那只白蝴蝶，此刻就守护在同伴的身边。

尽管红蝴蝶快要死去，而杰克又是那么庞大，但为友情，白蝴蝶依然毫无畏惧地向杰克进攻。它担心杰克经水坑时会不经意踩到同伴。它的进攻和保护，是为了同伴的安全，希望多留给朋友一点生命的时光。

连蝴蝶都知道彼此相爱、相护，人类的彼此倾轧和暗算显得多么卑鄙，多么可笑！

友谊不仅是为了用来为自己增加快乐，更应该用来为对方减少痛苦。能同甘不一定是友情，能共苦才真是。

妈妈的棉花糖

蓓蒂有两个弟弟，一个是9岁的丹尼尔，一个是7岁的提姆，他们都参加了教会举办的“拓荒俱乐部”，那是一个每周一次的儿童活动。姐姐、爸爸和蓓蒂都是那个活动里的老师。有一次，弟弟们跑来向蓓蒂抱怨，他们说，有个叫汤姆的男孩子老是找他们的麻烦。

汤姆11岁，是个领养的小孩。当时在蓓蒂爸爸的班上，他是那种总爱惹是生非的调皮蛋。更糟的是，他根本不认为自己的行为出了问题，反而觉得是别人不好。汤姆常常故意惹丹尼尔和提姆，把他们的帽子扔到地上，或者骂他们，再不然就是踢他们一下后赶快溜掉。大家都觉得他是个问题学生，对他很头痛却无可奈何。

妈妈得知这个情况后，从镇上买回了一袋棉花糖。

“这些糖是要给汤姆的。”她告诉丹尼尔和提姆。

“给谁？你说要给谁？”

“给汤姆。”妈妈向他们解释。对汤姆示好？实在无法想象。“这周你们去参加俱乐部活动时，每个人口袋里都装上两块棉花糖，一块是自己的，另一块给汤姆。”

那天蓓蒂走过教室的时候，刚好不小心听到提姆在说：“来，汤姆，这块糖给你。”在回家的路上，蓓蒂问他，汤姆当时有什么反应。提姆耸耸肩：“他好像吓了一跳，然后向我说声谢谢，就把糖吃掉了。”

又隔了一个星期，一天，汤姆向提姆冲了过来，提姆抓紧了自己的帽子，准备好要对抗汤姆。但是，汤姆并没碰提姆，只是问他："嘿！提姆，你还有没有糖果？"

"有啊！"提姆松了一口气，把手伸进自己的口袋，给了他一块糖。从那之后，汤姆每个星期都会来找提姆，向他要一块糖吃。而提姆每次都记得要带两块糖，一块给自己，另一块给汤姆。

汤姆有时候也会冲撞蓓蒂，不过蓓蒂用另一个方法战胜了这个"坏蛋"。有一次，蓓蒂和汤姆在走廊上相遇，蓓蒂看到他脸上流露出很不屑的表情。他正准备要张开嘴说话，但是蓓蒂抢先说了一声："嗨！汤姆。"然后给了他一个温馨的笑容。

汤姆很惊讶，闭上了嘴巴，而蓓蒂则继续走自己的路。从那时候起，只要蓓蒂一看到汤姆，她就会对他微笑，然后说："嗨！汤姆。"不给他任何说粗话的机会。后来，他也开始用一些简单的问候语来响应蓓蒂。

汤姆已经有一段时间不找弟弟们的麻烦了，对蓓蒂也不再那么粗暴，蓓蒂爸爸甚至开始对汤姆刮目相看。汤姆现在成了一个好孩子，和一年前的他完全不一样。他之所以会有这么大的转变，蓓蒂想，那是因为有人给了他改正的机会，说到底，是因为妈妈的棉花糖。

没有人希望自己成为不受欢迎的人，如果他们确是这样，那一定有不为人知的原因。故此，不要以自己的好恶轻易判断一个人，也不要在一无所知的情况下对一个人妄下结论。

爱是世界上最强大的武器，爱可以消除一切仇恨和敌人。

我知道你会来

在一次战斗中，士兵吉姆看见自己的好伙伴在战场上倒下。当时他被困在战壕中，炮火连绵，子弹嗖嗖地从头顶上飞过。

吉姆问中尉，自己能否到战壕之间的“无人区”去把他的伙伴救回来。

“你可以去，”中尉说，“但是，我看不值得。你的朋友大概已经牺牲了，而且你自己可能也会送命。”中尉的话并没有影响吉姆，他还是去了。

吉姆奇迹般地安全到达朋友的身边，把朋友背回战壕。

在战壕里，中尉检查了受伤的吉姆，看着他背回来已经牺牲了的朋友，对他说：“我告诉过你，这不值得。你的朋友牺牲了，而你也受了重伤。”

“尽管如此，长官，这是值得的。”吉姆说。

“什么意思，值得？”中尉说，“你的朋友已经牺牲了！”

“是的，长官，”吉姆回答，“这是值得的，因为当我找到他时，他还活着。他说：‘吉姆，我知道你会来的。’听到他这么说，我很满足。您说这不值得吗，长官？”

在将要离开人世的那一瞬，一双朋友的手伸过来，把最真切的爱和友谊给他，牵着他含笑而去，走完这壮美的一生——如此欣慰的结束，他还有何遗憾？

巴尔扎克的人情

巴尔扎克一生中的多数时候都处在穷困潦倒之中。8岁进入旺多姆寄宿学校，手中的零花钱少之又少。20岁决定不当律师而当作家，用母亲提供的钱计算着过日子，冬天连炉火都生不起。后来为潮流小说当枪手，也只不过刚够自立。等到创办的印刷所和铸字厂失败后，巴尔扎克简直就是债台高筑，高到终生奋斗也没有还清。

布伊松是巴黎一家裁缝店的老板，由于经常给巴尔扎克做衣服，几乎成了巴尔扎克的私人裁缝。他认识巴尔扎克后，就发现了他的天才及与众不同之处，于是从一开始他就尊重并支持巴尔扎克。

巴尔扎克做衣服，采用记账的方式，何时给钱都行，每一件衣服都棒极了。在巴尔扎克没钱时，裁缝还借钱给他。当巴尔扎克受到债主和执法吏追踪时，裁缝在家里给他预备一个秘密房间作为避难所，在那里他可以随意读书写作。

《人间喜剧》是巴尔扎克的传世之作，它是小说，也是当时社会的真实写照。在这个系列小说中，每一个人物都可以找到生活的原型，所有的人名都是虚构。但是，有一个人物却是例外。

巴尔扎克在自己的小说里写过这样一句话："一件布伊松做成的衣服，能够使一个人在任何一个沙龙里，扮演天才的角色。"这个布伊松，就是为巴尔扎克制作衣服的布伊松，就是在巴尔扎克困难时，无私给他帮助的那个布伊松，就是巴黎街头一文不名的裁缝店老板布伊松。

《人间喜剧》的影响如此之大，以至于一夜之间布伊松和他的裁缝店就名扬巴黎，许多社会名流和那些希望在上流社会崭露头角的人物，都争先恐后地去布伊松那里定做衣服，他的裁缝店也因名气大震而生意兴隆。

这句话绝不是巴尔扎克的无意之笔，而是他记在心里的人情，是他对朋友的一种回报。

让每个生命都有栖息的地方，让每一份爱都完美无瑕。

无论多么卑微的人，他们的友情都是珍贵的，都值得报答，都应该报答。

人生中许多条路，都是友情为我们铺就的。当我们登上高峰，回望来时的旅程，千万不要忘记了那些曾经无私扶持过自己的人。

爱的故事

一阵阵肆虐的狂风从遥远的树林里刮来两粒种子，随意将它们分撒在田野里。雨水将它们润湿，泥土将它们覆盖，阳光给它们温暖。于是，它们在田地里长成了两棵树。

最初，它们十分矮小，然而时间把它们高高地拉离地面，它们便能眺望得比从前远多了，于是它们可以彼此看见了。

田野十分辽阔，直到那葱绿的平原尽头，也看不到任何其他的树木，只有这两株远远分隔着的树，形影相依地伫立在田野中间。它们的枝丫纵横交错，仿佛是用来丈量这旷野的奇怪的标尺。

它们遥遥相望，彼此思念，彼此倾慕。然而，当春天来临，充盈的汁液在它们体内流动起来时，也勾起了它们对森林的思念，那是它们共同的故乡。

它们会心地摇动着树枝，相互默默地打着手势。当一只小鸟从这棵树飞到那棵树的时候，它们就高兴地战栗起来。

它们不能走得更近，但是，它们可以拉着手，有时能听见对方的倾诉。

当它们高兴时，就一起唱歌，一起遥望天际的云彩。有时候，它们会忧伤，可是，有朋友在一起，担心什么呢？树叶就是它们的手掌，它们在风里握紧，把祝福传递给对方。

它们远远地望着，它们的根连在了一起。

友情就是隔着很远，但还是彼此想念。虽然彼此想念，还是保持着一些距离。

从来不需要想起，但永远也不会忘记，这就是友情。

天堂的门

一位老人和他的狗行走在乡间小路上，老人一边走一边欣赏着沿途的风景。突然，老人意识到自己已经离开了人世，他回忆起临终时的情景，也想起身旁的这只狗早在几年前就死了。他不知道这条路将把他们引向何方，只是茫然地朝前走着。

走了一段路程，老人发现前面高耸着大理石砌的围墙，围墙正中是流光溢彩的拱门，门上装饰着珍珠，非常华丽，门前的路由纯金铺就。老人兴奋不已，他想，他们终于到了天堂。他带着狗朝着门走过去，只见门口放着一张雕刻精致的桌子，旁边坐着一个人。

“打扰一下，这里是天堂吗?”老人问道。

“是的，先生。”看门人回答。

“太好了！那你这里一定有水喝吧？我们赶了很远的路。”

“当然，先生。进来吧。”看门人朝身后做了个手势，那扇门慢慢地打开了。

“我的朋友也可以和我一起进去吧?”老人指着狗说。

“对不起，先生，宠物不能入内。”

老人沉默了一会儿，想到狗多年来对他的忠诚，他知道自己不可以就这样扔下它。他谢过看门人，转身带着他的狗继续前行。

长途跋涉之后，老人看见路边有扇破旧的木门，通向那扇门的是坑坑洼洼的土路，看上去那破门也似乎从来没有锁过。

他带着狗走了过去，只见门里面有个人在一棵老树下看书。“打扰一下，”老人对看书的人说，“请问，你这儿有没有水？我们赶了很远的路。”

“当然，那边有水井，”看书人指着门内看不太清楚的一个地方说，“进来，自己过去喝个痛快吧。”

“那我的朋友能进去吗？”老人指着他的狗问。

“欢迎它进来，水井旁边有个碗。”看书人说。

老人和狗进了门，果然，那口井旁边放着一个碗。老人拿起碗舀满水递到狗的面前，然后，自己也美美地喝了个够。他们满足地离开了水井，回去找在树下等着他们的看书人。

“这里是什么地方？”老人问。

“这里是天堂。”看书人回答。

“哦，那就怪了，”老人说，“这里看起来不像天堂呀，刚才一个人说他那里是天堂。”

“你说的地方，是不是有黄金铺成的路和珍珠装饰的门？”

“对！那里简直太漂亮了。”

“告诉你吧，那里是地狱。”

“原来是这样，你们不介意他们假冒天堂吗？”

“当然不介意，他们为我们省了很多时间，替我们把那些自私贪婪的人都挑走了。”

贪婪和不义会将你带入地狱，而忠诚则会指引你走向幸福之门。

我能再陪他一会儿吗

一天，凯瑟琳下班稍晚了一点儿，下班后她直接开车去幼儿园接儿子卡夫回家。到了幼儿园，凯瑟琳发现教室里只剩下儿子和另外一个小朋友在一起玩，等待爸爸妈妈来接他们回家。

看到妈妈来了，卡夫欢呼着跳了起来，一下就扑进了妈妈的怀里。凯瑟琳注意到，旁边的那个小朋友顿时表情很失望和忧伤，看上去很孤独。

卡夫拉起妈妈的手朝外走去，一边走一边兴奋地给妈妈讲今天幼儿园发生的趣事。走着走着，凯瑟琳突然弯下腰拉住儿子，诚恳地对他说："卡夫，我们能再陪他玩一会儿吗?"

卡夫在原地停留了几秒，回头看了看那个小朋友，然后点点头说："好，我们一起陪他等爸爸妈妈吧。"凯瑟琳看到儿子的反应，心里非常高兴。卡夫兴冲冲地跑到墙角的凳子旁，和那个小朋友一起读起了图画书。那天，凯瑟琳和卡夫一直陪到很晚，她知道了那个小朋友名字叫罗西，他和卡夫是好朋友。

他们三人终于等到了罗西的父亲。罗西的父亲对凯瑟琳和卡夫表示感谢，并邀请卡夫周日到他家做客，卡夫高兴极了。回家的路上，卡夫一路都在说自己和罗西之间的故事，他们玩沙子、玩积木，还把纸片做成的飞机抛到楼下去……

此后，只要幼儿园还有孩子，卡夫不用妈妈说，就会主动留下来陪伴。有时候，他还帮老师给跌倒的小朋友涂药，教不会折纸的小朋友折纸鹤。看着卡夫的变化，凯瑟琳欣慰极了。

那一段等候，使那一段本来平常的时间变得温馨，使一个本来平常的孩子变得卓越。就是那一小会儿的等候，世界就不再是以前的那个世界。

成长不是仅仅长大，成长是我们的内心增加了不同的东西：爱、真情和关怀……

青蛙和蛇

小青蛙在灌木丛中跳跃，看到前面有什么陌生的东西横躺在路上。这东西又细又长，皮肤五颜六色，闪闪发光。

“嘿，你好，”小青蛙叫道，“你躺在路上干什么?”

“我在晒太阳呢!”这陌生的东西回答，翻转着身子，然后把自己盘成一团。

“我是蛇的孩子，你是谁呀?”

“我是青蛙的孩子。你愿意跟我一起玩吗?”

于是，小青蛙与小蛇在林子里玩了一整个早上。

小青蛙把如何跳跃的本领教给了小蛇，而小蛇教会了小青蛙如何把肚子贴紧树干往上爬。它们过得很愉快，最后约定明天再见。

“妈妈，你看看我学会什么了!”小青蛙说着，就用肚子贴着门柱往上爬。

“你从哪儿学来这一手的?”青蛙妈妈问。

“是蛇的孩子教给我的，今天上午，我们一起在林子里玩。他是我新交的朋友。”

“你不知道蛇一家都是坏蛋吗?”青蛙妈妈说，“它们的牙齿里都有毒。不要再让我见到你与它们中的谁在一起玩了。也不要再让我见到你用肚子爬行，那是多不体面的事呀。”

小蛇也回到了家里，一蹦一跳的，让妈妈看。“谁教你这一手的?”蛇妈妈问。

“是青蛙的孩子，”小蛇回答，“它是我新交的朋友。”

“你真蠢，”蛇妈妈说，“你不知道自古以来我们就与青蛙一家不和吗？下次你看到青蛙的孩子，抓住它，把它吃了。别再一跳一跳地走路，那不是我们的习惯。”

第二天早上，小青蛙在林中见到小蛇，远远地站在一边：“恐怕我今天不能与你一起玩了。”小青蛙说着，往后跳了两跳。蛇的孩子冷眼看着它，记起母亲说过的话。“如果它走近，就把它吃了。”但随后，它又想起了它们一起玩耍的情景，小蛇悲伤地叹了口气，游进灌木丛中去了。

从那以后，青蛙的孩子和蛇的孩子就再也没有在一起玩过。但它们常常独自坐在太阳下，怀念那一天的友谊带来的快乐时光。

蛇为什么要吃青蛙呢？难道它们就不能吃草？
青蛙为什么要吃飞虫呢？它们为什么不用泥巴充饥？

蛇的孩子和青蛙的孩子可以成为朋友，蛇妈妈和青蛙妈妈为什么就不能？是放弃了友情才成为敌人，还是因为原本是敌人才无法结成友情？

如果你想有一个朋友，不一定就会拥有朋友；但如果你怀疑有一个敌人，你就肯定会有一个敌人。

他们算是朋友吗

一天，一个人和他的朋友行走在路上，其中一个捡到了一把斧子，于是叫了起来："瞧，我发现的东西!"

"不要说'我'发现的东西，"另一个人说，"应该说'我们'发现的东西。"

过了一会儿，那个丢失斧子的人来了，老远就指责拿着斧子的那个人。

"哎呀，"他对他的伙伴说，"这回我们完了!"

"不要说'我们'，"另一个人说，"应该说'我'完了。"

等那个人走近，发现这不是自己的斧子，就走了。拿着斧子的那个人长长出了一口气说："现在，它真的属于我了。"

另一个人说："你怎么老是爱说'我'呢？难道你不会说'我们'吗?"

"我刚才说过，可是有人帮我纠正了。"

两个人正走着，突然闯出一头熊，当熊还未发现他们时，其中一位就奔向路边的一棵树，爬上去，藏在枝叶间。

另一位不如他的同伴敏捷，已无法逃脱，只好躺在地上装死。熊走上前，嗅遍他的全身，而他屏住呼吸，一动不动。这只熊以为他是一具死尸，就走开了。

危险过去之后，躲在树上的那个人下来，问他的同伴，熊把大嘴凑到你耳边，跟你小声说了些什么。这位同伴答道："它告诉我，以后再也不要和一遇到危险就抛弃你的朋友同行。"

利益可以检验朋友，危难可以检验朋友。利来，是让还是争？临难，是帮还是逃?

捕鱼犬辛巴

吉米·怀特是美国威斯康星州密尔沃基市的一名汽修工，他心地单纯，善良真诚。一个大雪纷飞的早晨，走在上班路上的吉米·怀特忽然听到街角处传来狗狗断断续续的哀鸣。怀特快步走过去，在一堆垃圾中，他发现了一条被遗弃的小斗牛犬，瘦骨嶙峋的它此刻正瑟瑟发抖，如不施救，它很快就会因冻饿而死。

怀特把狗狗抱回家，给它洗澡，给它喂食，还给它取了一个好听的名字“辛巴”。在怀特的精心照料下，辛巴很快恢复了健康，它变得日渐强壮。从此他们开始了快乐的生活。

业余的时候，怀特经常带辛巴去密歇根湖西岸钓鱼。每当鱼上钩了，伴随着怀特兴奋的叫喊声响起，辛巴就“呼”地跳起来，围着怀特欢叫雀跃，它抬起两条前腿，亲热地舔着怀特的脸，这温馨的场面成了密歇根湖边的独特一景。

然而，快乐往往是短暂的。几年后，一场突如其来的车祸让怀特失明了，他再也不能带辛巴去湖边钓鱼。但辛巴自己却常常跑出来，沿着熟悉的路线，穿越半个城市去湖边静卧一会儿，似乎是在凭吊那些遗失的快乐。

一次，辛巴正在岸边发呆，一条鱼忽然从浅水中跃起。蓦地，辛巴像箭一样射了出去，抢在那条鱼入水之前咬住了它!辛巴不作任何停留，旋即踏上了归途。1个小时后，辛巴回到了家里，它冲到怀特身边，把那条鱼放在了主人的手里。

“哦，上帝，是一条鱼!辛巴，你竟然给了我一条鱼……”怀特兴奋地大叫起来，脸上有两行泪水缓缓滑落，辛巴伸出温热的舌头深情地舔舐着主人的脸，喉咙里发出呜呜的低吟……

从那以后，辛巴每天都到湖边去。它会在岸上静静地观察着浅水区里的动静，一旦发现有鱼游过，它就像狮子般扑向自己的猎物。渐渐地，辛巴甚至学会了站在浅水里“垂钓”，拦截过往的鱼儿。

岸边的人们注意到了辛巴的惊人之举，于是有一位记者就把辛巴捕鱼的情景拍摄下来。照片登出后，立即引起了轰动，人们亲切地称辛巴为“怀特家的捕鱼犬”。社会活动家更以此为题，组织了名为“没有它们，谁陪伴我们”的公益演讲，号召人们善待自己的宠物。借助网络，辛巴成了“明星狗”，拥有了数不清的粉丝，它的主人怀特也因此受到了来自各方的关爱，成功走出了人生的低谷……

爱，是唯一一种世间万物都能听懂的语言，在爱的世界里，一切生命之间都不存在隔阂，只要懂得感恩和尊重，彼此就能完美交融。就像布傅德·罗素所说的，爱是这世间永不消失的美好——捕鱼犬辛巴的故事就是最好的佐证。

羊的朋友们

黄昏，一只羊在山坡上玩，忽然从树林中蹿出一只狼来，要吃羊。羊跳起来，一边冒死用角抵御，一边高声向朋友们求救。

牛在树丛中朝这个方向望了一眼，发现是狼，跑走了；

马抬头一看，发现是狼，一溜烟跑了；

驴停下脚步，发现是狼，悄然溜下山坡；

猪望望这里，发现是狼，一扭头冲下了山坡；

兔子一听，更是像箭一般消失得无影无踪。

山下的狗听见羊的呼唤，赶忙奔上坡来，从草丛中奋勇闪出，一下咬住了狼的脖子，狼疼得直叫喊，挣扎着逃脱了。

羊回到家，朋友们都来了，

牛说：你怎样不通知我？我的角能够剜出狼的肠子。

马说：你怎样不通知我？我的蹄子能踢碎狼的脑壳。

驴说：你怎样不通知我？我一声呼啸，吓破狼的胆。

猪说：你怎样不通知我？我用嘴一拱，就让它摔下山去。

兔子说：你怎样不通知我？我跑得快，能够传信呀。

在这闹嚷嚷的一群中，唯独狗没有说话。

患难中伸出的援手，才是真情之手。

忠诚的友情都不用语言表达，而是用行动。

甜言蜜语装饰的感情，总有一天会风蚀剥落，露出你不忍看见的本来面目。

小猪和蜘蛛的故事

一只小猪和一只蜘蛛成了朋友。有一天，小猪听见主人说，他们打算新年到来时用它的肉来做全家人最喜欢的火腿和香肠。

听到这句话的小猪，顿时变得悲伤绝望。它几次尝试逃跑，但它毕竟只是一只猪，它没有办法逃脱。

见朋友那么难过，看似渺小的蜘蛛说："让我来帮你吧。"它说得那么坚定，好像它已经有很大的把握。

"可是，你为什么要帮我呢?"小猪问，"我一点都不配，我从来没为你做过什么事。"

"你是我的朋友，"蜘蛛回答，"友谊本身就是件了不起的东西。我要帮你，因为我喜欢你。生命本身究竟算什么呢？我们生下来，活一阵子，然后死去。一个蜘蛛一生如果只为自己织网捕食，那人生也未免有点庸俗。通过帮助你，也许使我的生活变得高尚些，任何人的生活都需要一点意义。"

"哦，"小猪说，"我不会演说，我没有你的说话天才，可是你帮助我，我也情愿为你牺牲一切。真的情愿。"

"我相信你，也感谢你的慷慨情谊。"蜘蛛说。

于是蜘蛛花了很多时间和精力，用它精湛的技术在猪棚中织出了几张特别的网，它在网上织出一些字，比如，有的是"好猪"，有的是"查克曼名猪"……

对于一个蜘蛛来说，做这样的事情是很不容易的，这比织一张普通的网要多花费几十倍的精力。但是，为了朋友，蜘蛛义无反顾。

蜘蛛的辛勤劳动，让这只小猪的命运马上发生了逆转，这些神奇文字，一下子让人类惊呆了：他们断定，这头猪一定是一头了不起的猪！人们从四面八方跑来看它，还有很多有钱人希望出高价买到它。

从此，它过上了幸福的生活，得到了名猪大赛的头奖和一个安享天命的未来。

但就在这时，蜘蛛的生命却走到了尽头。为了帮助小猪，完成自己对朋友的承诺，这只小蜘蛛实在太累太累了。但是它很满足，很欣慰。

我们之所以能成为好朋友，是因为我们都喜欢读书，都喜欢旅游，我们都有梦想。

关键是，每当我遇到困难时，你总会不顾一切地伸出援手……

一个人如果只为自己而活，会活得很安闲。如果除自己之外，还为别人而活，就会活得更有价值。

人生不能只是一段时间、一趟路程，它还应该是因你而不同的一个传奇。

真的朋友，是你最需要帮助时，主动出现在你面前的那个人。

友谊的力量

在一个狼群里，头狼老了，不能再出去捕猎了。

有一天，它让两只年轻的狼独自去捕食猎物，没想到它们当天就满载而归。头狼问这两只年轻的狼是怎么成功的。

“我们在那些猎人回家的路上袭击了他们。”两只年轻的狼得意地回答。

“他们一共多少人？”头狼问。

“10个。”两只年轻的狼很是骄傲。

几天后，这个狼群中几只年轻的狼再次结队出去捕猎了。头狼一直焦急地等待着它们回来，但它们一直不见踪影。第四天，一只遍体鳞伤、奄奄一息的狼终于艰难地爬了回来。

“出什么事了？”头狼问。

“我们袭击了猎人。其他所有的狼都被打死了……”

“他们一共几个人？”头狼又问。

“3个……”这只受伤的狼有气无力地回答。

“上次是10个人，你们不是也得手了吗？”

“可这3个人是朋友……”

凝聚在一起的心，比钢铁更坚硬；假如各怀异志，纵然千军万马，也不堪一击。

捕鼠器带来的后果

一只老鼠透过墙壁上的洞，看见农夫和他的妻子正在打开一个包裹。当它发现那里面装的是一个捕鼠器后，吓呆了。

老鼠跑到农场的院子里，发布警告："这所房子里有一个捕鼠器，这所房子里有一个捕鼠器！"

鸡咯咯地叫了几声，然后头也不抬地说："亲爱的老鼠先生，这是你所面临的危险，和我没关系。我不必为此烦恼。"

老鼠又找到猪，告诉它："这所房子里有一个捕鼠器，这所房子里有一个捕鼠器！"

"非常抱歉，老鼠先生，"猪同情地说，"除了祈祷，我对此无能为力。我一定会为你祈祷的。"

老鼠找到牛。牛说："老鼠先生，捕鼠器会带给我什么危险吗？"最后，老鼠低着头回到房子里，万分沮丧地独自面对农夫的捕鼠器。

当天晚上，房子里发出声响，捕鼠器抓到了猎物。农夫的妻子急忙赶来查看。黑暗中，她没有看见那是一条尾巴被夹住的毒蛇，结果被毒蛇咬伤了。

农夫的妻子开始发烧了。人们都说，新鲜的鸡汤可以退烧，于是农夫把那只鸡炖成了汤。他妻子的病情没有好转，邻居和朋友们纷纷赶来轮流照顾她。为了款待他们，农夫把猪杀了。

农夫的妻子病情不断恶化，她死了，许多人前来参加葬礼，农夫只好杀了牛款待他们。

每个人都自私自利，对他人的灾难置若罔闻，这种灾难迟早也会降临给自己。

没有人会永远倒霉，也没有人会永远走运。助人就是助己，利己必先利人。

历史学家的人生态度

40岁那年，默默无闻的小人物托马斯·卡莱尔终于完成了自己的第一本书稿。这本书稿穷尽了他前半生的全部心血，他迫不及待地将书稿交给了自己的好友、已颇具盛名的哲学家和经济学家穆勒，请他担当书稿的第一读者。

穆勒不敢辜负朋友的重托，他推掉所有的事务，将自己关在雅静的书房里，花了整整4天的时间，将全书仔细而完整地阅读了一遍。随着阅读的深入，穆勒越来越强烈地感觉到，这是一本了不起的著作。当他读完最后一页，抑制不住内心的激动，将书稿放在椅子上，走出书房，来到花坛，思考该如何用自己的影响力，使得这本伟大的著作能尽快引起外界的关注。

然而，灾难就在这一刻发生了。当穆勒离开书房后，一阵风吹来，将椅子上的书稿吹落了一地，前来送甜点的女佣看到散落在地上的书稿，以为是被主人丢弃的废纸，便将它们捡起来，并顺手将它们投在了火炉里！

1835年3月15日是穆勒一生都无法忘记的日子。他怀着巨大的痛苦和内疚，来到卡莱尔家中，将这个难以启齿的坏消息告诉了卡莱尔，卡莱尔一下子惊呆了，许久，两个人都沉默不语。卡莱尔后来回忆当时的情形道："我还清晰地记得那一天，穆勒面色惨白，如同一个鬼魂。他的惶恐如此强烈，使我觉得我必须反过来安慰他。"

最终，从震惊中清醒过来的卡莱尔对愧疚难当的好友穆勒说道：“好了，我的朋友，你不必那么痛苦。我已经决定了，从现在起，我将重写这本书。”

穆勒脚步沉重地走了，望着穆勒的背影，卡莱尔对妻子说道：“多么可怜的穆勒。看着他痛苦不堪的神情，我实在是不忍心。我不希望让这件已经发生的事情压垮了他和我，最好的办法莫过于我现在就开始重写这本书。”

然而，重写谈何容易。对一位作家而言，将一部已经完成的著作靠记忆重写一遍，比另起炉灶新写一篇更为吃力和痛苦。卡莱尔顶住巨大的精神煎熬，以罕见的毅力，终于在数月后将书稿重新完成。

在得知卡莱尔重新完成书稿后，穆勒内心的喜悦超过了任何一个人，他终于可以从痛苦和愧疚中解脱出来了。穆勒向好友发问道：“我完全能够想象这项工作的艰巨性，我想知道的是，你的动力究竟来自哪里?”

“我的朋友”，卡莱尔微笑着回答道，“我们没有能力去阻止已经发生的事情，但我们却有能力去改变已经发生的事情对我们现在生活的影响。我不希望你那么痛苦。”

没有为朋友的失误而怨恨，却反过来为朋友的愧疚而担心，为了朋友而再历艰辛，忍受熬煎，这是一种多么刚强而善良的胸怀!

“接受已经发生的，改变可以改变的”。正是这种睿智的人生理念，最终成就了一位伟大的历史学家。

一个故事的不同结局

午休时，邻床的巴特把腿猛地伸出来，不小心蹬到了斯坦因，斯坦因被吵醒了，便踢了巴特几脚。两个小家伙就这样你踢过来我踢过去，终于酿成了一场“战争”，斯坦因还因此受了点小伤。

回到家，妈妈给斯坦因处理好伤口后，像往常一样给斯坦因讲故事。她并没有特别去提这件事，毕竟这对于斯坦因来说是不开心的事，她不想打扰斯坦因原本就低落的情绪。

今天，妈妈讲的是“两只老猫”的故事。

故事里说，有两只老猫是邻居，有一天，白猫抓老鼠的时候，不小心把黑猫家的窗户弄破了。“把窗户弄破了怎么办呢?”讲到这里，妈妈停下来，她告诉斯坦因，这个故事有两个结局。“哪两个结局呢?”斯坦因焦急地问。

“一个是，黑猫发现窗户被白猫弄破了，怒不可遏，找到白猫打了起来。它们谁也不想让步，最后，以两败俱伤而收场。”

“第二个结局呢?”斯坦因问。

“第二个结局是，黑猫发现自己家的窗户破了，没有发脾气，它想：白猫可能是不小心吧，不知道它的手掌有没有受伤?白猫却想，真对不起，把黑猫家的窗户给弄坏了，我一定要帮它把窗户补好。两只老猫互相体谅，它们不仅没有打架，而且彼此的感情更深了。”

故事讲完了，妈妈对斯坦因说：“你看，同样一件事，却可以有不同的处理方式。”斯坦因点了点头，陷入了沉思……

世界上的事情，总有两种处理方法：一种是站在自己的角度，一种是站在别人的角度；一种是遵从情绪，一种是遵从理智；一种是从爱的心出发，一种是从怨的心出发。

两种方法，两种境界，两种结果。

遗嘱

一个十分有钱的人去世了，他没有近亲。

大家都很好奇：谁将继承他的巨额遗产？

这个富豪留下了两个遗嘱，他要求：第一个要在他死后立即打开；第二个只能在葬礼后打开。

第一个遗嘱写道："我要在凌晨4点下葬。"

很多人都很失望，因为遗嘱没有提及遗产的事情。

而且很多人不理解这个奇怪的愿望，凌晨4点，人们都在熟睡之中，为何偏偏在这个时候举行葬礼？

但这个最终意愿受到了尊重。凌晨4点举行了葬礼，有5人送殡。

葬礼结束后，第二个遗嘱被打开，内容如下："把我的遗产平均分配给来参加我葬礼的每一个人。"

他们是真正的朋友，真正的朋友才有权得到朋友的馈赠。

当一个人一无所有再无所舍的时候，如果还有人珍惜他，就是真的珍惜；如果还有人爱他，就是真的爱他；如果还有人愿意陪伴他，就是真心愿意。

不求回报的人，总能得到意外的回报。

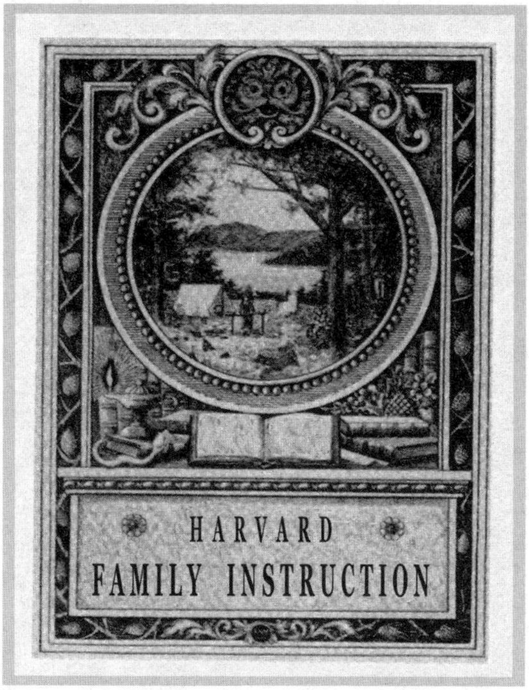

睿智

济世达人的谋略

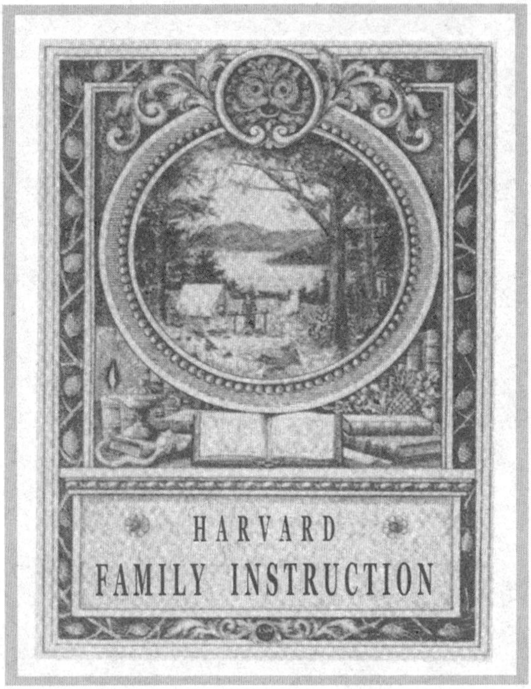

HARVARD FAMILY INSTRUCTION

过桥

这里是一道峡谷，他从山上下来，坐在一棵橡树下休息，看着那座桥。

他的怀里藏着一封非常重要的信，内容是关于第二天晚上的作战方案。这封信必须下午就送到自己人手里。

唯一的办法就是过桥，过了桥，就是自己人的地盘。那样，他安全了，信也安全了。

桥的两边都有敌军哨兵把守。他在橡树下坐了半个小时，他发现，敌军哨兵大约隔 5 分钟就会从炮楼里出来查看一次，不允许任何人从桥上通过。

他算过了，以他的体力和步伐，通过这座桥需要 7 分钟。

这两分钟时间，他该怎么办呢？他抬头看了看太阳，想了一会儿，站了起来，沿着小路，走上了桥。

他稳稳地往前走，眼睛盯着手中的表。

时间就快到了。他迅速地转过身，往回走。很快，炮楼里走出一个士兵。士兵看看他，一只手握住腰边的枪，另一只手做了个停下的手势。

他衣衫褴褛，手中提着个鱼篓。他紧紧看着士兵，仿佛十分恐惧和无奈。

士兵挥挥手，大声喝道：“不许过！转身回去！再往前走一步我就开枪！

他哆嗦着转身“退”了回去，顺利地把密信交给了指挥官。

让思维转个身，让“前进”倒退几步，让时间等一会儿，一个看似无法实现的计划，就这样完美地实现了。

决定胜负的 5 个小时

美国有位名叫詹妮芙的著名律师，她曾创造了 5 小时打赢一场官司的奇迹，在全美法律界传为美谈。

事情的经过是这样的：一位名叫康妮的美国女孩在街上被一辆卡车撞倒，导致高位截瘫。由于事发突然，康妮对当时的情况一无所知，而肇事方聘请的律师马格雷，则狡猾地利用了各种证据，推翻了几名目击者的证词，康妮因此败诉。

康妮向詹妮芙求援。詹妮芙接案后，仔细走访调查，得出一个惊人的结论：撞倒康妮的这种卡车，是由美国一家著名的汽车公司制造的。该汽车公司生产的卡车近 5 年来所发生的 15 次车祸原因完全相同，那就是，该卡车的制动系统存在严重问题，急刹车时，车子后部会打转，把受害者卷入车底，从而导致事故发生。

詹妮芙马上找到被告辩护律师马格雷："卡车制动装置有问题，而你却隐瞒了真相。我希望汽车公司拿出 200 万美元赔偿康妮，否则我们将提出控告。"老奸巨猾的马格雷回答道："好吧，不过我明天要去伦敦，一星期后回来，届时我再与你商谈。"詹妮芙相信了他。

一个星期后，马格雷没有露面。詹妮芙知道自己上当了，因为案子的诉讼时效即将到期，当时就是最后一天。愤怒的詹妮芙给马格雷打了个电话，质问他为什么不遵守诺言。马格雷在电话中得意扬扬："我的詹妮芙小姐，诉讼时效今天到期了，谁叫你那么笨呢!”

詹妮芙不想就此放弃。她问秘书：“准备好这份案卷要多长时间?”秘书回答：“三四个小时。现在是下午1点，即使我们用最快的速度拟好文件，然后交到法院，时间也来不及。”

詹妮芙急得在屋子里团团转，突然灵光一现，她想到了一个问题：该汽车公司在美国各地都有分公司，为什么不把起诉地点往西移呢?隔一个时区就差1个小时啊!位于太平洋上的夏威夷在西十区，与纽约时差有整整5个小时!对，就在夏威夷起诉!

利用这最后的5个小时，詹妮芙以最快的速度完成了所有诉讼程序。她以雄辩的事实，以慷慨激昂的陈述，赢得了这场官司。康妮胜诉，那家汽车公司依法赔偿受害人总计600万美元的损失费。

没有人注意时间的缝隙——时差，詹妮芙就是从这个狭小的缝隙中，找到了制胜的通道。

画稿中的小狗

法沃尔斯基是苏联现代艺术家和写生画家。成名后，有很多出版社邀请他为书稿画插图。在当时出版界众多美术编辑的眼中，法沃尔斯基的插图不仅生动好看，更能直观反映文章的精华要义，所以对他的作品从不修改，直接刊发。而法沃尔斯基每次也都全力以赴，潜心研读作品，力图使画作尽善尽美。

但是，有一位美术编辑却让法沃尔斯基非常头疼，他本人的美术造诣很高，所以也养成了吹毛求疵的习惯，任何作品到他手里，总要经过他多次修改。即使像法沃尔斯基这样的高手，他也不放过。

到底是拒绝发稿，还是违背创作初衷唯命是从？这令法沃尔斯基矛盾、沮丧到了极点。一次，心烦意乱的他随手提起笔，在刚完成的作品一角画了一只很丑的小狗，等他交稿的时候，才发现这个失误，于是，他就胡乱把稿子送上去交差了事。

这位美术编辑仔细审阅过作品后，严肃地训斥法沃尔斯基："你怎么能把这只丑陋的小狗画进插图？必须把这不伦不类的家伙给去掉！"法沃尔斯基立刻去掉了小狗，编辑便通过了作品。本来还在忐忑的法沃尔斯基恍然大悟，原来，"总是修改"只是这位编辑的习惯而已。

此后，法沃尔斯基每次交稿，都会在作品的一角添上一只小狗，而美术编辑也总是跟狗过不去，责令他把狗删掉。偶尔，法沃尔斯基也装出十分在意那只小狗，找出各种理由来"保留它”，直到争论到了白热化的程度，他才做出让步，似乎很不情愿地把这只小狗作为“最大的牺牲”删除掉。

就这样，他以一只小狗做诱饵，既保留了创作的初衷，又给编辑留了情面。久而久之，编辑也意识到了自己的问题，再不过分苛求法沃尔斯基了。

他忍受不了妻子的鼾声，所以就出走了——走到客厅的沙发上。

生活需要适当的妥协，放弃你可以舍弃的，留下你需要坚守的东西。

成功不一定是赢别人，是赢得别人。你进一步，别人一定会进一步；你退一步，别人可能会退让两步。

挨打的商机

2010 年 11 月的一个晚上，美国赫赫有名的富豪、世界一级方程式锦标赛的大老板伯尼·埃克莱斯，在下班回家的路上，遭到 4 名歹徒的袭击。他们先对着埃克莱斯一顿拳打脚踢，随后夺走了他的钱包和手腕上的瑞士名表。

很快，受伤的埃克莱斯被路人送往医院。按照惯例，在入院之前，医生为他拍摄了脸部的特写照片。照片上，埃克莱斯鼻青脸肿，成了名副其实的“熊猫眼”。

一个星期后，埃克莱斯才渐渐痊愈。虽然伤势已经好转，可他对自己被抢走的那块瑞士名表却耿耿于怀。这块表是他为自己专门定制的，价值 20 万英镑，因此埃克莱斯心痛不已。

不过，埃克莱斯突然想到了一个好主意。他与生产表的瑞士总部取得联系，告诉他们自己被打劫的经过，并奉上了自己被打成“熊猫眼”的那张入院照片。在照片的背面，埃克莱斯写了一句话：“看看这些人干的好事，仅仅只是为了抢一块表。”他建议用自己这张被打的照片为手表设计一个广告。

手表厂家的董事会在看到这张照片和埃克莱斯的广告创意后，无不惊叹道：“哇，这家伙可真厉害！”他们同时又被这个创意所传达出的“英国式幽默”深深折服。不久，埃克莱斯受伤后的大头照登上了手表的广告版，并广为传播。

这张照片给埃克莱斯带来了滚滚财源，他总结道：“商机无处不在，它往往就隐藏在不幸和灾难的背后。”

遭遇歹徒袭击，瑞士名表被抢——这个画面只是一次不幸遭遇的证明。

而埃克莱斯并没有甘于此，而是重新导演了这部戏，当他为这段遭遇续上自己的创意之后，“挨打”和“被抢”就改变了性质，它变成了一个广告的脚本，变成了一个传奇故事的“序幕”！

谁说命运无法改变？在一个人手上注定就是悲剧的故事，在另一个人手上却变成了一个喜剧。

被子上做出的好文章

迈克森从小就喜欢阅读，无论工作多忙，他每天都会抽时间看书。就连晚上睡觉前，他也必须阅读半个小时，然后才能进入梦乡。

有一天，迈克森出差到另一个城市，等洽谈完生意回到酒店的房间时，他才发现自己忘记了带书。因为时间太晚，书店也早已关门，连报摊也收场了。无奈之下，迈克森只好睡觉，可是由于睡前没有读书，怎么也没有睡意，一直折腾到凌晨3点。

在回家的路途中，迈克森看到街上有一群嘻哈少年，穿着印有字母的衣服，他突然想道："可不可以在被子上也印上文字，让人睡前阅读呢?"

随即他又否定了自己的想法。被子的面积看似很大，但因为人是躺或者坐在床上，字就不能像常规的书一样小，因此一床被子只能印刷很少的内容，谁也不会几年看一篇故事啊。

回到家已是傍晚，洗漱完毕后，迈克森又拿起了心爱的书，坐在床头翻阅起来。

翻着翻着，他又产生了一个灵感：既然书籍可以翻阅，为什么不能做一床可以翻阅的被子书呢？想到这里，迈克森兴奋得跳了起来，上网查阅后，他发现全世界居然没有这样的被子!

于是，迈克森开始了自己的设计。他将被面做成多层，然后用一条长拉链把这些"书页"锁在被罩里，想坐在床上阅读的时候，只需要把拉链拉开，就可以一页页翻阅。这样既可以保暖，也可以达到增加文字内容的效果。

接着，迈克森迅速联系上一家被子生产商。几天后，第一床被子书很快被制造出来。满怀激动的他马上把被子拿回家放到床上，兴冲冲地赶紧体验。结果却让他有点气馁：原来，被子太大，远处的字根本看不见，而且由于被子很软，翻起来也不方便。迈克森有些失望，但他没有放弃，立即又投入到新的研究中。

为了能看清被面上远处的字，他决定就把字号放大；为了让被子翻阅便利，他又采取在布料织造时加进一些亚麻。

成品终于出来了，迈克森在网站上做了一个调查。让他兴奋不已的是，有不少人都表示对被子书很感兴趣，这让他信心大增。

迈克森又找了许多儿童喜欢的读物印到被子上，并且针对不同年龄来选择内容，童话、故事、文学经典……此外，还有专门给学龄前儿童准备的识字图片被子书，也有英语单词工具书被子。

被子书投放到市场后，引起了强烈反响，几百床一周内就销售一空。看到市场前景如此好，迈克森马上又着手联系生产，紧接着开发了适合大人阅读的被子书，并将其推销到了酒店。

今天，如果你去英国酒店入住的时候，可以“点”一本迈克森发明的被子书来看看，幽默笑话、名人经典、美文赏析、小说故事……当然，也有恐怖小说，前提是你保证一会儿能够安然入睡。

困境是灵感的摇篮。别在困境中哭泣，请在困境中思考。

馆长的谎言

博物馆被偷了！几件镇馆藏品都不翼而飞。

这绝不是一个人干的，而且必定都是行家。破坏警铃、开保险锁、车辆接应，加上在中途换车，据推算，最少有5个人才干得了。

政府开始悬赏，博物馆的馆长也接受了电视访问。他声音颤抖着说：“13件全是精品，尤其那个翠玉戒指，更是举世无双，爱珠宝的人，千万不能收藏，迟早会被发现的！”他瞪大了眼睛又接着说：“因为那戒指太好了，什么人都看得出是价值连城的宝贝。”

没过多久，案子告破。

一群窃贼虽然计划周详，没留下任何线索，却因为内部起哄，两派火并，最终败露。

其中一个窃贼在受审时告诉警方：“当时由我和另外一个人进去，我们只拿了12幅画，哪有什么翠玉戒指，可是外面的几个人不信，非要我们把戒指交出来，后来连我的朋友都认为是我独吞了。”他大声喊着：“我没有拿！我真的没有拿！你们要相信我！”

“我相信他！”博物馆长在验收12幅画之后，笑着说，“感谢上天，12幅画完整无缺地回来了。至于翠玉戒指，我们馆里从来就没有过这东西！”

盗贼敢于大胆偷窃，凶手敢于杀人越货，不是因为不怕落网，不是因为不惧追捕，不是因为不畏死，而是因为，他们每次都觉得万无一失，事先的周密设计在他们看来总是无懈可击。

事实并非如此，因为在他们的灵魂深处，总有一种无法杀除的病毒，或许是贪婪，或许是愧疚，或许是恐惧，或许是得意忘形，它们会产生各种无法预知的漏洞，最终将他们“出卖”。

绝妙的判词

无论在哪个文明国家，法官裁决离婚案都不艰难。但离婚案中总存在一个孩子的抚养问题，法官最终总是把孩子判给父亲或是母亲。这种判决，对于孩子来说，无论怎样都是一个残酷的事实：失去父爱或是母爱。

另外，夫妻双方大多数会重新组织家庭，那么，孩子不管归谁抚养，最后他们都要面对继父或者继母。这样的家庭，很难给孩子带来满意的归属感和安全感。

这种一成不变的判决，终于被法国的一位法官打破了。

贝特朗是一位经验丰富的法官，1990 年 3 月，他接到一桩离婚案。丈夫是公司职员，妻子是小学教师。他们已经结婚 10 年，育有一儿一女。多年来，因为两个人性格不合，经常吵架，最终不得不分手。

但是，夫妻双方都不愿放弃孩子的抚养权，为的是能够同时拥有那一套住宅。法院出面做了很多调解工作，两人都不肯让步。

贝特朗法官反复研究了这个案子，并专门走访了两个未成年的孩子。看着他们因为父母离婚而带来的担心和恐惧，法官决定为这桩离婚案做出一个不同凡响的判决。

开庭这天，旁听席上不仅坐着两个孩子、亲戚家人，法院还邀请了媒体记者。在完成了所有法律程序之后，贝特朗法官庄严宣读了判词——

鉴于父母离婚的最大受害者是孩子，为了保护儿童的合法权益，本法庭判决如下：父母归两个孩子所有，原来双方共有的住房也归两个孩子所有。父母必须轮流定期返回孩子身边居住，履行抚养的职责，直到孩子长大成人。

这一前所未有的判决，令当事人和公众都大感意外。但人们很快领悟了法官的用意，无不为这个绝妙的判决欢呼鼓掌。

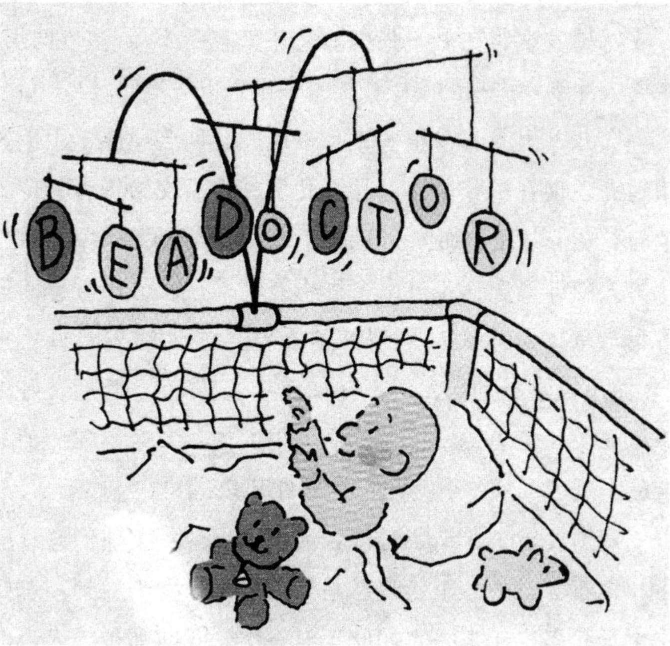

一只小布熊，一条塑料小狗，一个玻璃奶瓶……孩子的世界，这些就足够了。

当法律以人为本的时候，它就不再是冷冰冰的教条，在铁面之下，也有脉脉温情。

以慈悲为怀，从爱出发，我们就能抵达完美的结局。

为相识干杯

安塞姆在一家小吃店里自斟自饮。忽然进来一位女士，侍者请她在邻桌就座。她大约 40 岁，从侧面看轮廓清秀，线条优美，穿着简洁而入时。

安塞姆发现，在另一张桌前，还坐着一个 40 多岁的男人。这个男人冲刚才进来的女士微笑着，她也以微笑回敬。

一会儿，男人起身出去，片刻而归，回到原座，手中添了一束兰花。他在一张菜单上写了几笔，然后交给侍者，侍者将菜单与兰花一并送到那位女士面前，女士看到菜单微微点头。

男人随即离座移步过来，彬彬有礼地说："十分感谢您能允许我与您共餐，独自一个人实在寂寞。"接着，安塞姆又听到:"我在城里经常见到您，但不知如何接近。"女士听后友好地对他报以微笑。侍者送来了葡萄酒，男人说："今天喝葡萄酒是再合适不过了，来，小姐，为我们的相识干杯!"

安塞姆要走了，结账时侍者悄悄告诉他："他们这样已好久了，每年 3 月的一个傍晚总是男人先来，女士后到，总要共一张桌子，多少年来一直如此。有一次，我问那位男人，他是一位大学教授，为何要这样做，他回答说，我们想保持年轻。"

"那个女士是谁呢?"安塞姆问侍者。

"他的妻子。"侍者微笑着回答。

美好的生活需要我们去创造，然后它才有激情，才能保持新鲜。

用艺术的手法安排生活，平凡的人生也能展现出耀目的色彩和激动人心的情调。

走向背后的智慧

巴贝·鲁斯是20世纪美国著名棒球运动员，后因为身患重病，他不得不决定永远退出赛场。为了纪念这位伟大的棒球明星，他所在的扬基棒球队，在纽约的一家棒球场为他举行了象征性的比赛。

巴贝·鲁斯最后一次亮相，其意义当然非同小可，尤其是对新闻媒体来说。当天，闻风而动的记者们齐集棒球场外，静等巴贝·鲁斯的出场。在浩大的记者队伍中，有一个名叫奈特的小伙子满脸紧张，攥着照相机的手时不时有汗水沁出。他是美国一家小报的抄写员，因为体育版的摄影记者临时有事，他被临时派来顶替。

奈特以前从未拍过照片，拍出一张满意的照片，对他来说无疑是难如登天。

巴贝出场了，步态缓慢地踱到了球场中央，他一手紧紧地握住棒球棍，一手紧紧地攥着追随他一生的棒球帽，身体孱弱得犹如风中的小草。昔日合身的3号球衣，此时在他身上显得那么宽大。很显然，病魔早已摧毁了这个曾经叱咤风云的体育明星。

全场5万余人全部起身，向球王致以热烈的掌声。场外的众多记者蜂拥而进，全都挤在垒间线周围，以便可以清晰地拍到球王的正面。

奈特本来也想跟着他们，但拥挤的人群使他无法找到适合的拍摄位置。他看了一眼球王憔悴不堪的面容，心里一阵凄沧。这张面孔早已不是人们熟悉的脸孔了，更不是人们永远想记住的面容。对于巴贝·鲁斯来说，他能留给人们的也许只能是他球衣上的号码——扬基队永远的3号！想到这里，奈特离开人群，快速绕到了巴贝鲁斯的后方。

奈特从镜头里看到，对面的记者队伍开始骚动。大家争先恐后地按动快门，希望永远留下巴贝鲁斯最后的形象。

当有人发现奈特居然跑到球王身后去捕捉镜头时，忍不住对他发出讽刺的嘲笑。奈特的心里一阵刺痛，但搭在快门上的手指还是轻轻地按了下去。

在《先驱报》的头版上出现了一张题为《向巴贝敬礼》的照片：球王站在棒球场上，眼前的一片繁华和他落寞的背影形成鲜明的对比，仿佛又让人想起他曾经在球场上纵横驰骋的岁月。球王寂寞的心情被这张照片诠释得淋漓尽致，看到他球衣上醒目的“3”，令人无不为之动容。而在这张照片的右下角，是一个名不见经传的人名——奈特。

这张照片随后被世界各大报刊转载，被人们誉为“体育新闻史上最著名的照片”，并于1949年获得普利策奖，也是获得此奖项的第一张体育类照片。

有时候，最好的风景不是在人头攒动的地方，而是在别人看不见的角落。找到属于自己的位置，就找到了成功的钥匙。

因为有了一份恻隐之心，因为不忍心拍下那张沧桑的面孔，世界上才有了这一件不朽的杰作。善良，就是最好的角度。

偷懒的思维

一位教授正向学生们讲述一个故事。

一个聋哑人，到五金店买钉子。他左手作持钉状，右手对着左手做锤打状。售货员拿来了一把锤子，聋哑人摇摇头，随后用右手指了指左手。售货员恍然大悟，于是赶紧拿来了钉子，聋哑人心满意足地走了。

聋哑人刚走，店里来了一位盲人……

讲到这里，教授突然停了下来，向学生们提问题："你们说，这个盲人将用什么办法简单而快捷地买到一把剪刀呢?"

话音刚落，一位学生便站了起来，声音洪亮地回答道："他只要伸出两根手指作剪东西状就可以了。"

其他学生纷纷表示赞同。

教授咳嗽了一声说道："都错啦，其实他只要开口说我要买剪刀就行了!"

聪明沦为愚蠢，多半是因为聪明用错了时机或用错了地方。

条件发生了变化，而我们的思维依然按照惯性运行，原来正确的，现在便可能成为错误。

今晚哪位名人光临

在美国肯塔基州的一个小镇上，有一家格调高雅的餐厅。店老板发现，每星期二生意总是格外冷清，几乎是门可罗雀。

又到了一个星期二，店里照样是客人寥寥。店老板闲来无事，随便翻阅起当地的电话号簿。他发现当地竟有一位名叫约翰·韦恩的人，与美国当时的大明星同名同姓，这个偶然的发现，使他的心为之一动。他立即打电话给这位约翰·韦恩，告诉他说，他可以免费获得该餐厅的双份晚餐，时间是下星期二晚上 8 点，欢迎他偕夫人一同前来。约翰·韦恩欣然应邀。

第二天，这家餐厅门口贴出了一幅巨型海报，上面写着："欢迎约翰·韦恩下星期二光临本餐厅。"这张海报立刻引起了当地居民的热议。

到了下星期二，餐厅来客大增，创下了有史以来同日的最高纪录。尤其是那个晚上，6 点钟还不到就有人在等着安排座位，7 点钟队伍已排到大门外，8 点钟店内已挤得水泄不通。大家都想一睹约翰·韦恩这位巨星的风采。

过了一会儿，店里的扩音器响了："各位女士，各位先生，约翰·韦恩先生正光临本店，让我们一起欢迎他和他的夫人。"

霎时，餐厅里鸦雀无声，众人的目光一齐投向大门口。谁知那儿竟站着一位典型的肯塔基州老农，身旁是一位同他一样不起眼的妇人。原来这位身材矮小其貌不扬的仁兄，就是"约翰·韦恩"。

整个餐厅一下子变得格外安静，店老板有点尴尬、惶恐，后悔做出这个荒谬、离谱的安排。人们开始一愣，当明白了这是怎么回事，在寂静了一刻之后，突然爆发出热烈的掌声和欢笑声，客人们簇拥着约翰夫妇上座，并要求与他们合影留念。

此后，店老板又继续从电话号码簿上寻找一些与名人同名同姓的人，请他们星期二来享受免费晚餐，并出示海报，普告乡亲。“猜猜谁来吃晚餐”“哪位明星与你共饮”等话题，为生意清淡的星期二带来了惊喜的高潮。

请问：你们是名人吗？
对不起，我们不是。

只要我们有一颗接纳包容的心，生活中到处都可以遇见令人开心的事情。

如果生活里真的缺少快乐，我们为什么不可以自己创造一种？

得克萨斯人的办法

这天，小镇来了一位陌生的牛仔。牛仔骑着马，看起来已经非常疲劳。在一间酒吧前，他停了下来，把马拴在路灯杆上，然后就走进了酒吧。牛仔可不知道，这个小镇的小偷专偷陌生人的东西。

牛仔喝完酒走出来，发现他的马不见了。他一声不响地回到酒吧，当着众人的面从怀里掏出一把手枪。乱哄哄的酒吧顿时静了下来，每个人都瞪大眼睛看着牛仔。只见他像电影里的那些明星一样，潇洒地把手枪抛向空中，再伸手利索地接住，然后冷冷一笑，“砰”的朝天花板开了一枪。“你们当中哪个混蛋偷了我的马?”牛仔大声吼道。

没有人回答。“好吧，我再喝一杯啤酒。喝完这杯酒，如果我的马还没重新出现在路灯杆上，我就用我们得克萨斯人的方法来解决这个问题。各位，我希望你们不要逼我，因为那样会很难堪。”

几个人惊恐地跑出了酒吧。

牛仔又喝完一杯酒之后，沉着脸向门口走去。酒保和几个大胆的人跟在他身后。哦，感谢上帝，马回来了，依然拴在灯杆上，众人都松了一口气。牛仔跨上马鞍，准备离开这个镇子。

站在酒吧门口的酒保大声问牛仔：“伙计，在你走之前，能告诉我，你们得克萨斯人是如何解决这种问题的吗?”

牛仔回过头，似笑非笑地说：“走路回家。哈哈哈!”

向天花板开一枪，让对手害怕；坐下来喝一杯酒，给盗贼一个改变主意的时间；最后一句似是而非的幽默，将一场剑拔弩张的危机化为一个玩笑，留下一个永远没有答案的悬念。

冒犯丘吉尔的摄影师

加拿大摄影大师优素福·卡什，曾为罗斯福、丘吉尔、爱因斯坦、毕加索、海伦·凯勒等政要、名人拍过肖像。这些黑白照片经过岁月的淘洗，非但没有黯然失色，反倒愈加放射出夺目的光芒，并成为世界摄影师们学习的经典范本。

卡什成功的秘诀是什么？答案早已由他本人给出，那就是，不仅要拍出被拍摄者的“形”，还要拍出他的“神”，也就是我们通常所说的“灵魂”。在卡什看来，灵魂是“隐藏在每个人身上难以形容的秘密部分”，而他的工作便是“用胶片抓住它”。

1941 年年底，丘吉尔受加拿大总理之邀访问渥太华。作为加拿大著名摄影师，卡什有机会向丘吉尔提出为他拍照的要求。卡什原想拍出丘吉尔不屈不挠的内在气质，但他发现丘吉尔始终叼着一支雪茄，神情闲散，与人们所想象的坚毅、自信的形象一点儿都沾不上边。

为了将丘吉尔的“灵魂”激发出来，卡什做出了一个大胆尝试：他走上前，先是恭敬地说了声“对不起，阁下”，然后一把将那支雪茄从丘吉尔的嘴边扯了下来。丘吉尔被这突如其来的举动激怒了，一下子瞪大了双眼，左手叉在腰间，狠狠地看着卡什。就在这一刹那，快门响了。

这张题为《愤怒的丘吉尔》的肖像，极为生动地传达出第二次世界大战时期同盟国的灵魂人物——英国首相丘吉尔那雄狮般的愤怒、强悍的一面，极大地鼓舞了世界人民反法西斯的斗志。

把世界当成你自己的世界，就不会被他人、被常规所约束。在此时此刻的卡什眼中，丘吉尔就是一个拍摄对象，就是他要完成一项工作的道具而已，所以，他敢于去冒犯，敢于随心所欲。这不是勇气，也不只是灵感，是一种生活的境界。

难不倒的画家

让·巴蒂斯特·伊萨贝是法国杰出的画家，他的肖像画细致入微，构图完美。伊萨贝的代表作《拿破仑在马尔宫》，至今仍是人物画的范本。

1815年，伊萨贝应邀前往维也纳，为在那里集会的欧洲各国使节画一幅集体肖像。

法国外交官塔列朗私下找到画家，要求伊萨贝把自己安排在肖像画的中央。“一定要在正中间最醒目的位置上，否则就不要画我。”塔列朗是这次集会里举足轻重的人物，伊萨贝只好答应他。

第二天，惠灵顿公爵也找上门来，他对画家说：“您要把我安排在画中最重要、最醒目的位置上。如果您不答应，我就退出群像画。”惠灵顿公爵是这次集会的核心人物，伊萨贝同样不敢怠慢。

这件事被周围的人知道了，大家都为伊萨贝捏了一把汗。在一幅画中，怎么可以满足这样两个要求呢？这两个人中，伊萨贝至少要得罪一个。

伊萨贝本人倒毫不紧张。因为他是给每个成员单独画像，然后再组合成群像，所以直到交稿这天，人们都不知道他到底会怎样安排这两个重要人物的位置。

一时间，肖像画成了维也纳人讨论和猜测的焦点。

画稿揭幕这天，画室里来了很多人，有被画像的人，有单纯来观赏的人，还有的人只是想看伊萨贝怎样化解这个难题。人到齐了，画家走到肖像面前，自信地揭下挂在画上的白布，人们的目光同时聚焦在画上，房间里一片寂静，只有钟表嘀嗒作响。

突然塔列朗和惠灵顿公爵同时哈哈大笑起来。大家这才缓过神，掌声和赞叹不绝于耳。

原来在这幅画中，外交官塔列朗坐在会议大厅正中央的一把椅子上，其他人站在他周围，而惠灵顿公爵正昂首阔步地走进大厅，画像中所有人的目光都转向公爵，脸上无不露出钦慕的神情。

真正有魅力的人，无论你站在哪里，人们都会看见你。你双脚站立的任何地方，都会成为众人瞩目的中心。

6+2 大于 4+4

美国旧金山的金门大桥，横跨 1900 多米的金门海峡，连接北加利福尼亚与旧金山半岛。大桥建成通车后，大大节省了两地往来的时间，但是新问题也随之出现，由于出行车辆很多，金门大桥上几乎天天都会堵车。

当地政府为此感到十分头疼，如果建造第二座金门大桥，又要耗资上亿美金，一时很难筹集这么大的一笔经费。怎么办？经过反复研究，政府决定以重金 1000 万美元向社会征集解决方案。

一位年轻的大学生看到征集启事后，专门到金门大桥实地考察了几天。经过观察发现，每天上午的上班高峰，左边车道拥堵；每天下午下班高峰，右边车道拥堵。原来，金门大桥的车道设计为“4+4”模式，即往返车道都为 4 道。这种传统的“4+4”模式，忽略了高峰期不同方向出行流量的不同。

于是，他提出了一个新的方案：改传统的“4+4”为“6+2”模式，上午左边 6 个车道，右边 2 个车道，下午左边 2 个车道，右边 6 个车道，针对不同出行时段的流量差异，合理利用另一半车辆少的车道。这样，同样是 8 条车道，6+2 明显取得了大于 4+4 的效果。

这个方案施行后，困扰多时的金门大桥堵车问题迎刃而解。

我们看到堵车的一面，却忽视了不堵车的一面；我们首先想的是用金钱解决问题，却很少想到用思想解决问题；我们知道了问题，却没有去寻找问题的根源。

教诲

发自肺腑的劝谏

HARVARD FAMILY INSTRUCTION

橘子的心

一个孩子手持一个橘子，问："妈妈，为什么橘子不能拿来就吃，而要剥皮呢？"

"那是橘子在告诉你，你想要得到的东西，不是伸手就能得到，而是要付出相应的劳动。"

"为什么橘子里的果肉是分成一小瓣一小瓣的，而不是一个完整的一大块呢？"

"那是橘子在告诉你，生活的甘甜和幸福，是用来慢慢享用的，需要一小瓣一小瓣细细品味，不是用来挥霍，更不是用来浪费。这也就是在告诉你，要懂得珍惜生活的恩赐。"

"孩子，橘子的果肉长成一小瓣一小瓣的，还有另一层用意呢，你知道吗？"母亲接着说。

"还有什么用意呢？"孩子问。

"它还告诉你，你手中的东西，不能独自占有，而要懂得与人分享。如果你手中有一个橘子，那就要懂得把橘子一瓣一瓣分开，然后和别人一起品尝。"

人生就是捧在手上的一个橘子。

所有的幸福，都来自辛劳；所有的美好，都应该分享；所有的恩赐，都要感激。

美德的价值

一天，凯瑟和儿子一起在农场里工作。正逢儿子大学毕业，马上要步入社会，凯瑟很想对孩子说些什么。

凯瑟环视着这片有溪流、树林和大片青草的15英亩的土地。“这地方真美。”他说。于是凯瑟决定把这片土地的来历告诉儿子。

凯瑟的第一个女儿出生不久，他和妻子到他出生长大的那个小镇上当老师。他们很想有一块土地，在上面建造一座房子。在镇南面有一块15英亩的土地，是90多岁的尤迪先生所有。他是一个退休银行家，有许多的土地，但他一块也不卖。尽管如此，凯瑟还是抱着试一下的决心和妻子一起拜访了尤迪。

“对不起，我不能卖，”凯瑟说，“我准备将来把这块土地作为一个牧场。”

“我知道，”凯瑟感到有点紧张，“我们是这里的老师，我想，也许你会卖给打算在这里定居的人。”

“你说你叫什么名字?”尤迪问。

“比尔，比尔·凯瑟。”

“那么，你知道格列弗·凯瑟吗?”

“当然知道，先生。他是我的爷爷。”

尤迪先生有些惊讶，然后他指着两把椅子，让他们坐下来。

“格列弗·凯瑟是我曾经雇用过的最好的农场工人，”尤迪先生说，“他总是早来晚走，用不着我吩咐，就主动把所有要干的事都干了……如果有活儿没当天干完，他会觉得不好受。”老人眯缝着眼，沉浸在遥远的回忆当中。

良久，尤迪和蔼地问：“再说一下看，你要什么，凯瑟?”

凯瑟又将想买地建房的意思重复了一遍。

“好吧，让我考虑考虑，一周后你们再来。”

一周后，尤迪先生对凯瑟说，他已经考虑好了。凯瑟紧张地看着老人。

“3800美元怎么样?”老人开口了。

“3800美元吗?”凯瑟忐忑地问道。因为这15亩土地当时至少值6万美元。

“是的，15英亩，3800美元。难道不合适吗?”老人微笑着点了点头。

就这样，凯瑟无限感激地以象征性的3800美元买下了那块15英亩的土地，就是现在他们看到的这片美丽的农场。

事情过去将近30年了，这片土地变得越来越漂亮。“孩子，”凯瑟说，“这全都因为一个你从未见过的人的美好声誉。”凯瑟告诉儿子，在爷爷的葬礼上，人们无不称赞他的博爱、诚实和正直。这使他想起了一句名言：“我们要选择的，不是财富，而是美好的声誉；不是闪亮的金子，而是爱的恩泽。”

“美好的声誉就是爷爷格列弗·凯瑟留给我们的遗产，我希望你将来在这片土地散步时，也把这个故事告诉你的下一代。”

美德，是人生的桂冠和荣耀。它是一个人最高贵的财产，它构成了人的地位和身份，它比财富更具威力，它使所有的荣誉都毫无偏见地得到保障。

美德是最好的遗产，追求美德吧，它比金钱、地位保存得更久。

花瓶打碎之后

有个10岁的男孩，不小心把自家的花瓶打碎了。他的母亲走过来，不分青红皂白，将他狠狠揍了一顿。这个男孩叫什么呢？谁也不知道。他害怕做错事，害怕被别人批评，无论在哪里，他都畏手畏脚，终究一事无成。

有个10岁的男孩，不小心把自家的花瓶打碎了。他的母亲走过来，哈哈大笑说："宝贝好棒啊，这花瓶打碎的声音真好听！"以后，他经常故意把家里的东西摔碎，因为他喜欢听那种破碎的声音，更喜欢听他妈妈的夸奖。这个男孩叫什么名字呢？也没有人知道，人们都叫他"败家子"。

有个10岁的男孩，不小心把自家的花瓶打碎了。他的母亲走过来，温柔地对男孩说："花瓶打碎了，从这件事中，我们能不能得到一点什么启发？"男孩胆怯地说："我知道错了，以后做事要小心。"

"还有呢？难道就没有别的启发吗？"妈妈又说。

从此，他就开始关注打碎的碗、杯子，并对那些碎片进行研究。有一天，他终于发现这些碎片的规律：大碎片与次大碎片的重量比是16∶1，次大碎片与小碎片的重量比也是16∶1。

长大后，这个男孩将他的发现应用于天文学和考古学的研究，发明了残破文物、陨石的复原技术，他就是大名鼎鼎的科学家雅各布·博尔。

千万不要简单地说：我爱。爱是一门高深的学问，有的爱让人幸福，有的爱让人痛苦，有的爱可以让心灵飞翔，有的爱却会压断梦想的翅膀。

爱如果不加上智慧，不加上宽容和大度，它就会成为一条锁链，一道荆棘的栅栏，一片不会流动的池塘。

世间无数美好因爱而成就，也有无数美好因爱而毁灭。

上帝的钟爱

彼得因小儿麻痹症而一条腿残疾，那时候他还不知道未来的后果。当他长大之后，才知道自己将永远不能像别人那样蹦跳奔跑。

“上帝，为什么要这样对我？难道是我做错了什么吗？”彼得常常这么问自己。“我不能爬山，不能游泳，不能踢球。失去了一条腿的健康，我还能干什么？”

彼得的亲人和朋友，还有许多好心人都来关怀他，照顾他。当他坐公共汽车的时候，常常有人为他让座。当他过马路的时候，会有人来搀扶他。但彼得把这一切都看成别人对他的同情和怜悯，他不愿意这样生活。

直到有一天，一件事情改变了彼得对世界的看法，那是莱恩神甫给他说的一句话：“世上每个人都是被上帝咬过一口的苹果，所以，我们每个人都有缺陷。有的人缺陷比较大，因为上帝特别喜爱他的芬芳，不小心多咬了一点。”

“我真的是上帝咬过的苹果吗？”彼得问莱恩神甫。

“是的，你是上帝最喜爱的孩子，而不是上帝的弃儿。但是上帝肯定不愿意看到他喜欢的苹果在悲观失望中度过一生。”莱恩神甫轻轻地回答道。

“谢谢你，神甫，你让我找到了力量。”彼得高兴地对神甫说道。

从此彼得把残疾看作上帝的特殊钟爱，并开始振作起来。

若干年后，当地人传诵着一位神医的故事，他不仅为很多人治好了身体的疾病，而且还拯救了无数和他当初一样对生活失望的人。因为，他把神甫对他说过的话又转述了无数次。

上帝知道了这件事，笑道："我很喜欢这个美丽而睿智的比喻。我从没有放弃过任何一个苹果。"

如果你想玩好，就要像人那样去做。
不，我确实想要玩好，但我要像狗那样去玩。

作为礼物，上帝赐给我们此生；作为回报，我们要让此生活得精彩。

说出你的理由

约翰·休斯顿是一位以睿智和古怪著称的伟大导演，他对工作的要求非常严格，这种态度同样也表现在他对子女的教育中。她的女儿安吉利卡·休斯顿是一位出色的演员，她在回忆自己的成长历程时，这样写道——

每天早上，我们都要来到他的房间，他会询问我们学习和生活方面的问题。我和我弟弟托尼都有些怕他，我们必须每天向他详细报告当天的计划和打算。这件事情当时令我们非常烦恼，可是长大之后才发现，这是一项很有意义的功课，它教会我们怎样开始每一天的生活，怎样安排自己的人生。

我和弟弟发现，父亲喜欢成熟点儿的孩子，他对傻里傻气的举动和不太聪明的言语都没有太大的耐心。

有一次在晚餐桌上，我们的话题渐渐转移到了大画家凡·高的身上。我有些随意和轻率地说：“我不喜欢凡·高。”

“你不喜欢凡·高？”父亲马上接话道，“你先说出他6部画作的名字，然后再告诉我，你为什么不喜欢他。”当然，我支支吾吾了半天，也没有说出来。

父亲马上勃然大怒，严厉地训斥道：“马上给我离开餐桌，直到你知道你在谈论什么为止！”

在我离开餐桌后，父亲又大声地在我身后吼道：“你要记住，无论什么时候，如果你不能说出你的理由，就不要发表你的意见！”

不要轻易评判他人，不要轻易给事物下结论，在你不了解的情况下，你所说的话和那个事实本身可能风马牛不相及。

妄发议论，不仅会损毁别人的声誉，也会暴露自己的无知。

生活是公平的吗

在伦敦的一家酒店门前，34 岁的伊安正在签名售书，排队等着买书的人站了半条街。作为新近崛起的畅销书作家，伊安的新书引起众多人的关注。

忽然有人递过来一张字条，上面写着："伊安，如果你会说话，将会有更大的成就！"

伊安心中涌起了波澜。他出生在一个乡村农场，父亲身为农场主，对牛马之道极其精通。伊安从小就熟知每种牲畜的生活习性，每天的清晨或傍晚，他都能听见父亲响亮的嗓音在催促牲畜出圈或归栏。父亲告诉他，放养这么多牲畜，没有洪亮的声音不行，单靠两条腿去追赶它们，非累死不可。

小小的伊安很快得了父亲的真传，牛羊在他的召唤中纷纷归来，父亲夸他有天分，欣慰后继有人。可在伊安 12 岁那年，一场重病袭击了他，由于服一种药物过敏，他的声带被烧坏了，他告别了引以为豪的声音。有很长一段日子，伊安都处于极消沉的一种状态中。

一次，伊安在父亲的房里看到了一些牲畜知识的书籍，他随手拿了一本翻看起来。父亲见状，高兴地说："孩子，这些书很有用，可许多地方我都看不懂，正好你仔细看看，回头告诉我该怎么做！"伊安心想，自己并非没有一点用，于是开始钻研那些关于牛马的学问。每有心得，就通过手语告诉父亲，父亲便欣喜无比。

伊安渐渐发现了读书的乐趣，除了那些涉及牛马方面的书之外，他开始读任何可以找得到的书籍。每读到精彩之处，他便用手语讲给父亲，父亲总是十分高兴，这让伊安感到骄傲。一天，他刚给父亲讲了一个精彩的故事，父亲笑过后对他说："其实我们农场那些牲畜身上，就有许多有趣的故事，可惜知道的人太少，要是有人能写出来，一定会大受喜欢！"伊安的心猛地一跳。

于是，伊安开始着手写故事，写那些牲畜瞬间的美好，写那些大地上的事情，并把父亲的经验融入故事之中，具有极强的趣味性和知识性。

经过几个月的努力，10万字的书稿完成了，父亲几乎是一口气读完。他一把抱住伊安，激动地说："孩子，今天我才真正为你感到骄傲！"父子俩相拥在一起，都流下了眼泪。后来，这本叫《它们的故事》的书出版了，立刻风靡英伦。

自此，伊安一发而不可收，许多优秀的作品不断问世。人们惊羡他才华的同时，也为他感到遗憾，因为凭他组织文字的能力，如果不是哑巴，应该有更高的事业成就。

签名售书之后，伊安回到农场，他把那张纸条递给父亲。父亲看后，说："如果你能说话，或许现在正在农场里召唤那些牲畜，绝不会去写书了！"说完，父子俩不禁会心一笑。

生活可能是不公平的，它给一些人更多的灾难，给另一些人更多的幸运。它让一些人生活在微笑中，而另一些人却总是满脸泪水。

不过，上帝却是公平的，他让那些灾难变成刚强的信念，让那些泪水变为成功的渴望，让那些不幸的人最终成为生活的勇士！

心中的石头

一次，老师问小朋友："你们有讨厌的人吗?"小朋友们有的不吱声，有的点点头。

接着，老师发给每个孩子一个纸袋，告诉他们："今天，我们来玩一个游戏，请你们把你所讨厌的人的名字写在一个纸条上，也可以用符号代替。每天放学之后，请大家到路边找一些石头，回去把这些写着名字的纸条贴到石头上。把你非常讨厌的人的名字，贴在大一点的石头上，一般讨厌的，贴在小一点的石头上。每天，你都把'讨厌的人'放进这个袋子里，带到学校里来。"

小朋友们听了，感到很有趣，放学后，他们都抢着到处去找石头。第二天一早，孩子们都带着装了石头的袋子来到学校，你一言我一语地相互讨论……

时间一天天地过去了，第三天、第四天、第五天……有些小朋友袋子里的石头越装越多，几乎都快提不动了。

"老师，拎着这些石头来学校好累啊！我都快累死了！"小朋友们开始有一些抱怨。老师笑了笑，对孩子们说："那从现在起，就慢慢原谅一些人吧。你从内心宽恕了某个人，就把那块石头丢掉。如果全部丢完了，你就不再受累了。"

小朋友们都很高兴，从此他们每天都想着去原谅一个原来不喜欢的人。过了几天，所有的小纸袋都空了。

老师又问："现在你们还觉得累吗?"孩子们异口同声地

说："不累了！"

"孩子们，讨厌一个人，就等于在你的心上加了一块石头。你讨厌的人越多，你的心也就越累。我们每个人都应该学会宽恕别人，不要把小事儿记在心上……"

相信多年以后，这些孩子都能记得那个故事，都能记得应该怎样对待别人。

相信孩子曾对你说过，自己不喜欢谁谁谁之类的抱怨，对此你是怎样对孩子说的？

大多数人都能拿起来，只有少数人能够放得下。

我们经常为一句话生气，为一件小事愁闷终日，为一点蝇头小利斤斤计较……

我们不愿意在肩上背着石头，却情愿在心上背着石头。

宽容会帮我们卸掉心上的重负，让我们的灵魂变得轻盈，让生活快乐飞翔。

难忘的考试

从学生们升入九年级开始上健康课以后，教室里的一块黑板上就一直挂着一幅人体结构图。

图上标着人体主要骨骼和肌肉的名称与位置。

在那个学期里，虽然这幅图一直挂在黑板上方，但老师从来没有提到过它。

期末考试的时候，学生们发现那张图被取走了，而试卷上只有一道考题，就是“绘图并标出人体每一块主要骨骼和肌肉的名称与位置”。

全班同学一致提出抗议：“我们从来没有学过!”

“那不是理由，”老师说，“那些内容在黑板上方存在了几个月。”

大家在苦苦煎熬中做着试题。过了一会儿，老师将他们的试卷收了上去，撕碎了。

“记住，”他告诉学生，“学习不只是学别人教给你的东西!”

全班所有的同学当时都被这句话深深地震撼了，它是最有意义的一次教育，也是让大家至今受用无穷的教育。

真正的学习是这样的：你的内心满怀着渴望，面对一切未知都想弄个水落石出，而你想知道一切真相的动机，不仅仅是好奇，而是对梦想亟不可待的追求。

对孩子说

你必须吃很多粮食、蔬菜、水果，饮很多水和奶，才能渐渐增长自己的身高和体重。记住，是土地供给你营养让你渐渐高出土地，你不要忘了随时低下头来，甚至要全身心匍匐在地面上，看看土地的面容和伤痕。为了你站起来，土地一直谦卑地匍匐着，在伟大的土地面前，你一定要学会谦卑。

为了生长，你不得不多吃一些东西，这就不得不请求别的生命的帮助，这就难以避免地伤害了它们。憨厚的猪、忠实的牛、活泼的鱼、诚恳的鸡……都帮助了你的生长，多少牺牲构成了生命的庙宇。看似理所当然的过程，实际却充满着疼痛和伤害。为此，感恩和忏悔应该成为你一生的功课。这样或许沉重了些，但沉重之后，你将获得真正的美德。

你将吃很多的盐，然后渐渐汇成内心的深海，并体会那种咸的感情。

你将翻过许多山，很可能你找不到通向峰顶的路径，那么继续攀登吧，许多迂回重复的路，使你的记忆弯曲并有了深度；而当你终于到达一座山顶，你会看到更远处那积雪的山峰，于是你知道，你必须不停地出发，生命就是不停地开始，只有过程，没有顶点。

你必须经历很多个夜晚，为此，你应该多准备一些灯盏。学会把灯高高地举起，不仅照亮了自己的夜晚，也为远处的另一位夜行者提示了路的存在。

永远向高处、向远处敞开胸怀，你将获得辽阔的原野和源源不竭的激情。

但是孩子，你必须随时把目光从高处远处收回，看看低处。学会尊重和热爱低处吧，热爱低处的人，热爱低处的劳动，热爱低处的水域，并化作一滴水汇入低处吧。最低处的海，最低处的水，养活着这个世界。

当然，孩子，我仍然没有说清楚什么，真理的金子是隐藏在黑夜的泥沙里的。为此，你必须走向你的河流，深入你的波涛，淘洗和寻觅吧，当整整一条河流都从你的手指间漫过，或许你会发现一些闪光的颗粒。

即使注定不会有什么发现，你也必须走向河流，与它一同发源，一同奔流，一同历险，一同化入苍茫。

孩子，向自己的人生走去吧……

当我们一无所知地来到世界，前人把这些最有用的智慧留下来，为的是让我们学会生活，学会做人。

记住这些人生箴言吧，孩子，也许在你生活的某个时刻，其中的某一句话，会成为照亮前程的灯塔！

世界上第二寒冷的地方

“世界上最寒冷的地方是南极洲，世界上最大的风浪区是好望角，世界上阳光最充足的地方是非洲的撒哈拉沙漠……”女孩捧着一本《世界之最》，一边看着，一边轻声地朗读。

“那世界上第二寒冷的地方是哪儿？”坐在沙发上随意浏览着报纸的外公冷不丁地问道。

“是北极吗？”女孩不十分确定地反问着。

“那世界上第二大的风浪区在哪儿？”外公继续问，“世界上第二个阳光充足的地方又是哪里呢？”

女孩站在客厅的窗前，愣愣地看着外公，她是被这一句接一句的问题彻底难住了。

外公要说什么呢？女孩一边盯着书，一边暗自寻思着。

外公笑着冲外孙女招了招手，又拍了拍身边的沙发。待外孙女坐定后，他拿起茶几上放着的签字笔，在报纸边上的空白处，一笔一画地写下八个字：排名第二，默默无闻。

“外公，你是在要求我事事都要走在前面、永远都要争做第一吗？”女孩扑闪着双眸，定定地望着外公。

“不是说一定要走在最前面，不一定永远都要做第一名，而是要拥有做到最好的生活态度。想名列前茅的人很多，只有争取做到最好，你才有可能走在前面。这就需要你不但要有理想，更要持之以恒的坚持，把理想变为习惯，变为行动……”

“噢……”女孩拖着悠悠长长的声音，回味着外公说的话。

无论我们做什么，都应该把它做到最好。人们欣赏第一，记住第一，并不是欣赏这个名次，而是欣赏这个名次背后的努力和严谨。

你是谁

1923年，美国沃伦·G·哈丁总统病逝，时任副总统的柯立芝于翌日宣誓就任总统。可他并没有马上住进白宫，而是继续住在距白宫不远的威拉德酒店。

一天深夜，一个盗贼越窗潜入柯立芝的房间。他翻遍柯立芝的衣兜，找到了一个钱夹子，又动手去解挂在衣服上的怀表。就在这时，黑暗之中传来一个平静的声音："请不要把我的怀表拿走。"

突如其来的声音把小偷吓了一跳，他愣了一下，竟脱口问道："为什么？"

柯立芝回答："倒不是因为这表值多少钱，只是这块表对我有着非常重要的意义。你把表拿到窗前，看看后盖上刻的是什么字。"

那小偷走到窗前，借着窗外的亮光，仔细看去："送给参议院院长卡尔文·柯立芝先生——麻州高级法院。"小偷愕然："你真的是柯立芝总统？"

"是的，我就是柯立芝。我请求你一件事，不要拿走我所钟爱的怀表。可以吗？"停了停，柯立芝又问道，"孩子，你为什么要干这样的事呢？"

年轻人解释说，因学校放假，他和朋友来华盛顿旅游，可带的钱都花光了。年轻人对柯立芝说："如果你不介意，我就只拿走这个钱夹子。"

柯立芝说，他并不介意。他算了一下，住宿费加上两张火车票共需 32 美元。柯立芝对年轻人说："我想，32 美元可以算是借给你的。以后，如果你方便的话，可以还给我。"年轻人答应了。

这时，柯立芝送给年轻人一个忠告："孩子，我知道你是一个好人，可你今天的举动非常糟糕。以后，一定要记住，你是谁!"

1975 年，《洛杉矶时报》首次披露了柯立芝总统的这段逸闻。有趣的是，据柯立芝总统日记记载，那位年轻人后来果真给他寄去了 32 美元。

做人要反思，难道做牛就不需要吗？我们也要反思：我们产奶的意义是什么？

用宽恕的心唤醒一个人，用爱和信任改变一个人，让迷途者知返，让浪子回头——这一件小事的成就，难道会逊于治理国家的成就吗？

添柴人

男孩从监狱参观回来，问爷爷："为什么监狱里会有那么多坏人?"

爷爷想了想，回答道："因为他们的心中有一团火。"

男孩好奇地问："是什么火。"

"那是罪恶之火。"爷爷说。

"是谁点燃他们的罪恶之火呢?"男孩继续追问。

"其实，在每个人的心中，都有一团这样的火种，而让它燃烧起来的是那些添柴火的人。"爷爷饱经沧桑的脸上写满了深奥的智慧。

"谁是那些添柴火的人呢?"

"他们的父母、老师、同学、朋友等，所有认识他们或者见过他们的人都有可能是。"

"这是为什么?"

"孩子，如果父母经常打骂他们，老师总是责备他们、惩罚他们，同学老是欺负他们，朋友常常带他们酗酒、赌博、偷窃，甚至抢劫，见过他们的人对他们嗤之以鼻、不屑一顾……这些鞭打、责骂、诱惑、冷漠的柴火就可能会点燃他们心中的愤怒、怨恨、贪婪、嫉妒、悲伤、自卑的火焰，这样他们心中罪恶的火种就会熊熊燃烧起来。"

男孩若有所思，过了一会，他问："爷爷，那么怎么才能让他们灭掉那罪恶之火呢?"

“你灭不掉，你只能少为他们添加一把罪恶的柴火，但你也可以为他们添加一把善良的柴火。因为每个人的心中除了一个罪恶的火种，还有一个善良的火种，它包括和平、欢乐、希望、善良和爱的火焰，善良之火能战胜罪恶之火。”

爷爷顿了顿继续说道：“比如说你的同学吉姆，你不要因为他个子小再去欺负他，你应该在别的同学欺负他的时候站到他的一边，保护他、帮助他。”

“噢，爷爷，我明白了，我要给吉姆添加善良的柴火，我要做他善良的添柴人。”

爷爷欣然地点了点头。可男孩似乎仍有不解，他再次问道：“爷爷，如果别人欺负我的时候，我该怎么办呢？”

这次爷爷并没有回答。他收拢起旁边的干草然后点燃，又拾起一根木材说道：“孩子，这个木材就好比欺负你的人。”随后将木材扔进篝火中，指着火势越来越旺盛的篝火，爷爷问：“要想减弱火势，你该怎么办？”男孩想了想，拾起刚才的那个木头扔在了一旁，火势骤减。

爷爷十分欣慰：“好样的，孩子。那些欺负你的人就是你的添柴人，但他们也仅仅只能添柴，而摆放柴火的人仍然是你自己。”

这个世界是否美好，不只是因为别人，还因为我们自己；在这个世界上，我们不只是有责任改变自己，我们还有责任改变别人。

我们要做善良的添柴人，让世界因为我们而温暖，让他人因为我们而幸福。

当你以为我没在看你时

当你以为我没在看你时，我看见你把我的第一幅画贴在电冰箱上，顿时，我就想再画一幅。

当你以为我没在看你时，我看见你为一位生病的朋友准备晚餐，我知道每个人都要彼此照顾，彼此关心。

当你以为我没在看你时，我看见你把洗好的衣服叠得整整齐齐，我意识到我们要珍惜上帝赐给我们的一切。

当你以为我没在看你时，我看见你帮楼下的辛普森太太把菜提回家，我知道了，爱不只局限于家人和朋友。

当你以为我没在看你时，我看见你把小区门口的一堆垃圾放进垃圾桶，我暗下决心，长大后要做一个有责任感的人。

当你以为我没在看你时，我看见你认真地阅读一本书，我想，我一定要和你比赛，我要知道世界上的所有学问。

当你以为我没在看你时，我看见你为弟弟冲牛奶，还教他怎样上厕所，教他怎样穿衣服，我明白你把我养大多么不容易。

当你以为我没在看你时，我看见你总是面带微笑和别人说话，于是我也对着镜子练习，要像你那样开心快乐地生活。

当你以为我没在看你时，我看见你小心地给花浇水施肥，我这才知道，世间所有的美丽都是辛勤劳动的馈赠。

当你以为我没在看你时，我看见你温柔地凝视着我，我万分感动，我知道自己应该加倍努力来回报你的关怀。

当你以为我没在看你时，我看着你，很想说：“谢谢你。”

当你没有看见你的孩子时，他们正在看着你，你的善良、你的微笑、你的勤劳、你的宽容……都是他们未来生活的种子，总有一天在他们的心底开花结果。

如果看着父母的时候，他们没有读书，没有帮助他人，没有微笑着说话，没有把屋子弄得整整齐齐……我们也不要埋怨，也不要失望，就让我们来帮助他们吧，父母有时候也需要学习。

他能成功吗

杰克很小就没了父母，他和奶奶相依为命。杰克很喜欢画画，想成为一名出色的画家。

一天，杰克兴奋地告诉奶奶："著名画家比尔要到市里举办画展，我要带上自己的画作，求比尔帮忙指点。"

晚上，杰克一脸沮丧地回来了，他把自己的画撕得粉碎，伤心地说："比尔看完我的画，说我根本没有画画的天赋，劝我放弃。所以我决定以后再也不碰画笔了。"

沉默了一会儿，奶奶对杰克说："孩子，我有一幅收藏了几十年的画，可一直不知道这幅画值多少钱，既然比尔是著名画家，我想让他帮我看一下。"

可当奶奶从箱底拿出那幅画，杰克很失望：画上没有点题，也没有署名，画得也很粗糙。

杰克扶着奶奶找到了比尔。比尔看完奶奶收藏的画，摇摇头，笑道："老人家，这幅画的画风简单，用笔稚嫩、粗糙，立意不明确……不是名家所画，不值一文。"

奶奶有些失望地问："你看画这幅画的人，如果继续画下去，能成功吗?"

比尔十分肯定地说："老人家，恕我直言，朽木不可雕，再画下去也成不了气候。"

这时奶奶才说，几十年前，她在一所幼儿园当老师，画是她的一个学生画的，当年那个学生是全班画画最差的，交作业时，他没有勇气把自己的名字写在正面，而是写在了背面。她没有批评那个学生，反而鼓励说："你画得很不错，继续努力，我相信你将来一定能成为一名出色的画家。"没想到过了若干年，那个学生真的成了一位大画家！

比尔惊讶地愣住了，他不相信地翻过画，背面赫然写着自己的名字。比尔慢慢回忆起来了，喃喃地说："你是玛雅老师？"

奶奶笑着点点头，说："几十年过去了，但我依然认得你。"停了一下，奶奶又说："虽然我不懂艺术，可我知道该怎样去教育孩子。"

比尔面红耳赤，羞愧地说："对不起老师，我错了……谢谢您的教诲！"

奶奶把目光转向杰克，杰克终于明白奶奶为什么要带自己来。他点点头说，以后绝不会轻易放弃努力……

不要让别人掌控你的人生，不要让别人预测你的未来。你的人生是你自己的财产，你必须自己珍惜，自己打理，自己安排。

当别人征求我们意见的时候，我们要给予的不是评价，而应该是指引和帮助。

豁达

得失不惊的姿态

HARVARD FAMILY INSTRUCTION

等待三天

卖花的太太微笑着，又老又皱的脸上洋溢着喜悦，冲动之下，苏珊挑了一朵花。

“今天早晨你看起来很高兴。”苏珊说。

“为什么不呢？一切都这么美好。”老人依然微笑着。

老人穿得相当破旧，身体看上去很虚弱。因此她的回答令苏珊大吃一惊。

“你有一颗坚强的心，能够承担烦恼。”苏珊说。

“耶稣在星期五被钉在十字架上的时候，那是全世界最糟糕的一天，可三天以后就是复活节。所以当我遇到麻烦时，就学会等待三天。之后，一切就恢复正常了。”

然后老人笑着和苏珊道了声再见。

从此，苏珊一碰到麻烦，卖花老太太的话便响在耳边：“等待三天。”

当我们碰到困难的时候，经常会绝望得差点要放弃一生，因为，我们总觉得这个困难会纠缠我们一生。其实，不是的，它最多会纠缠我们三天！

倘若和一生相拼，我们或许真的无力，但是，三天难道会难倒我们吗？

再无望的处境，你都要让自己坚持三天，至少三天！

与花儿攀谈

一个人站在一株花面前，这花孤零零地生长在一座被遗弃的花园里，这座花园坐落在沙漠中的一个庭院。

花儿一定很寂寞，这个人想。在这个地方没有任何别的东西，只有花儿，花儿一定渴望一个绿色的伙伴，来慰藉它那无边空旷中的孤独。

他对花儿说："早上好！你是此处最美丽的花朵！"

花儿说："'最美丽'是什么意思？"

他明白了，花儿太谦虚，谦虚到这种程度——不知道自己是美丽的。

他又问花儿："你在泥土的黑暗和沉重里开辟道路时，想着什么？你感到很痛苦吗？"

花儿说："什么叫'痛苦'？"

他明白了，痛苦只存在于人类的生活中，这种感觉是花儿所不了解的。

他又问花儿："我很遗憾，你现在在想些什么？"

花儿说："我在想给空气送去芬芳的时刻。"

他问："你喜欢空气到这种程度吗？为什么呢？"

花儿说："太阳是圆的。"

他问："你陷入对太阳的爱了吗？"

花儿说："太阳给我能量，使我充满了馨香。这馨香将一直藏于我的内心。所以我想时刻让芳香从我身上溢出，散发在我周围的空气中。”

他问：“花儿哟，对于你的奉献，你希望得到什么？”

花儿说：“我从来不考虑这些。我也不问将获得什么，我只给予。”

他对花儿说：“我希望你回答我的问题。再想一想，对你的给予你希望得到何种补偿？什么样的回报？”

花儿说：“什么叫‘回报’？”

他对花儿说：“我似乎在和你用另一种语言说话。我很遗憾。你现在的梦想是什么？”

花儿说：“凋谢，走向老年的平静。创造物落于大地，这多么美妙啊！它给予馨香，留下智慧。”

他站在那里，觉得自己很渺小。花儿自在地开放，并不知道他在想什么，也不想知道。

花，看似娇弱无力，却芬芳明艳，卓然独尊，只因为她们没有私心，没有妄想，没有贪求，活得高洁而简单。正如一首诗所写：我是一朵花，我开放，然后凋谢。

人若能如花，生命一定能安然而从容。

一张彩票

尤利乌斯是一个很不错的画家。他画快乐的世界，因为他自己就是一个快乐的人。可惜很少人买他的画，因此他偶尔会有些伤感，但只是一会儿。

“玩玩足球彩票吧！”他的朋友劝他，“只花2马克就可以赢很多钱。”于是尤利乌斯花2马克买了一张彩票，并真的中了彩！他赚了50万马克。

“你瞧！”他的朋友对他说，“你多走运啊！现在你还经常画画吗？”

“啊，还是画呢，我喜欢这个！”尤利乌斯笑道。

尤利乌斯买了一幢别墅并对它进了一番装饰。他很有品位，买了很多东西：阿富汗地毯、维也纳柜橱，佛罗伦萨小桌，迈森瓷器，还有古老的威尼斯吊灯。

尤利乌斯很满足地坐下来，他点燃一支香烟，静静享受他的幸福。突然他感到很孤单，便想去看看朋友。他把烟蒂往地上一扔，在原来那个石头砌成的画室里，他经常这样做，然后他出去了。

燃着的香烟静静躺在地上，躺在华丽的阿富汗地毯上……一个小时后，别墅变成了火的海洋，它被完全烧毁了。

朋友们很快知道这个消息，他们都来安慰尤利乌斯。

“尤利乌斯，真是不幸啊！你现在什么都没有了。”

“什么呀？不就是损失了两个马克吗？”尤利乌斯答道。

严格说来，无论什么样的失去，都不算失去，因为人原本就没有带来什么。

不同的眼光，就有不同的人生。就如尤利乌斯，别人看见的是豪华别墅，而他看见的只是“两个马克”。

约翰的胡子和玛丽的游戏

多年来，约翰一直留着一脸大胡子。有一天，他准备把胡子剃掉，可是又有点犹豫：朋友同事会怎么想，他们会不会取笑我？

经过数天的深思熟虑，约翰终于下决心留了个小胡子。第二天上班时，他做好足够的心理准备，打算应付别人的取笑和奚落。结果出乎意料，没有人对他的改变有任何评语，大家匆匆忙忙来到办公室，紧紧张张做着各自的事情。事实上，直到中午休息，也没有一个人注意到他胡子的变化。

最后约翰忍不住先问别人："你觉得我这个样子如何？"

对方一愣："什么样子？"

"你没注意我今天有点不同吗？"

同事这才开始从头到脚打量约翰，最后终于有人说："噢？你买了一双新鞋吗？""哦，你今天头发没上发胶！"

"我留了一撮小胡子，你们难道都没发现？"

这件事让约翰明白了一个道理，我们之所以那么在乎别人，实际上是因为太在乎自己。

另外一个小故事，也说明了同样的道理。

玛丽是一年级的小学生，在家里，爸爸妈妈很爱她；在学校，老师同学也很喜欢她。玛丽很自豪，觉得自己是世界上最幸福的孩子。有一次，大伙儿在花园玩游戏，她忽然突发奇想，决定跟大家开一个玩笑。

就在小伙伴们准备野餐时，她跑到一团树丛后面把自己藏起来，想等大家遍寻不见时再跳出来。

让玛丽大为尴尬的是，小伙伴们丝毫没有注意到她的缺席。直到所有的人都吃完糕点，一群人准备离开时，玛丽才不得不自己从树丛后面走出来。

自那以后，她就一直记住这一次的教训：永远不要把自己看得太重要，否则就会失望。正因为这样，玛丽变成了一个活泼开朗的姑娘，她永远没有烦恼，永远不跟任何人生气。

请用你的音乐告诉别人你是谁，而不是用你的喊声。

人的烦恼，并不是因为别人关注我们太少，而是我们关注自己太多。

嘉利太太的花园

嘉利太太是一位有钱的贵妇人，她在加州城外修了一座花园。花园又大又美，吸引了许多游客，他们毫无顾忌地跑到嘉利太太的花园里游玩。

年轻人在绿草如茵的草坪上跳起了欢快的舞蹈；小孩子扎进花丛中捕捉蝴蝶；老人蹲在池塘边垂钓；有人甚至在花园当中支起了帐篷，打算在此度过他们浪漫的盛夏之夜。

嘉利太太站在窗前，看着这群快乐得忘乎所以的人。她越看越生气，就叫仆人在园门外挂起一块牌子，上面写着：私人花园，未经允许，请勿入内。

可是这一点儿也不管用，那些人还是经常大摇大摆地走进花园。嘉利太太只好让她的仆人前去阻拦，结果还是无济于事。

后来嘉利太太想出了一个绝妙的主意，她让仆人在园门外挂上了一块新牌子：欢迎你们来此游玩，在此，主人特别提醒大家，花园的草丛中有一种毒蛇，如果哪位不慎被蛇咬伤，请在半小时内采取紧急救治措施，否则性命难保。最后告诉大家，离此地最近的一家医院在威尔镇，驱车大约50分钟即到。

这真是个绝妙的主意，那些贪玩的游客看了这块牌子后，对这座美丽的花园望而却步了。

几年后，有人再经过嘉利太太的花园，却发现园子里已经杂草丛生，几近荒芜。孤独、寂寞的嘉利太太守着她的大花园，非常怀念那些曾经来她的园子里游玩的快乐游客。

心胸狭窄的人，只拥有一片小小的花园；心胸博大的人，还拥有花园以外的所有地方——敞开的园门已经把世界连在了一起。

每个人心中都有一座花园，如果我们愿意为别人种植快乐，这份快乐也同时会滋养我们自己。

少校和大帝的对话

一天，亚历山大大帝来到一所乡镇小客栈，为进一步了解民情，他决定独自徒步到附近看看。

亚历山大穿着一件平纹布衣，一边走一边四处打量。当他走到一个三岔路口时，竟然不知道怎样回客栈了。

亚历山大无意中看见有个军人站在路边，于是走上去问道："朋友，你能告诉我去客栈的路吗？"

那个军人叼着一只大烟斗，头一扭，高傲地把这身着平纹布衣的旅行者上下打量一番，傲慢地答道："朝右走！"

"谢谢！"大帝又问道，"请问离客栈还有多远？"

"1英里。"那军人生硬地说，并瞥了陌生人一眼。

大帝抽身道别刚走出几步又停住了，回来微笑着说："请原谅，我可以再问你一个问题吗？如果你允许我问的话，请问你的军衔是什么？"

军人猛吸了一口烟说："猜嘛。"

大帝风趣地说："中尉？"

那个军人的嘴唇动了下，意思是说不止中尉。

"上尉？"

军人摆出一副很了不起的样子说："还要高些。"

"那么，你是少校？"

"是的！"他高傲地回答。于是，大帝敬佩地向他敬了礼。

少校转过身来摆出对下级说话的高傲神气，问道："假如你不介意，请问你是做什么的？”

大帝乐呵呵地回答：“你猜！”

“难道你也是军人？”

“差不多吧。”

少校不屑地耸耸肩，说：“那我猜你可能是中尉？”

大帝摇头说：“不是。”

“上尉？”

“也不是！”

少校走近仔细看了看说：“那么你也是少校？”

大帝镇静地说：“继续猜！”

少校取下烟斗，那副高贵的神气一下子消失了。他用十分尊敬的语气低声说：“那么，您是部长或将军？”

“快猜着了。”大帝说。

“阁……阁下是陆军元帅吗？”少校结结巴巴地说。

大帝说：“我的少校，再猜一次吧！”

“皇帝陛下！”少校的烟斗从手中一下掉到了地上，猛地跪在大帝面前，忙不迭地喊道：“陛下，饶恕我！陛下，饶恕我！”

“饶你什么？朋友，”大帝笑着说，“你没伤害我，我向你问路，你告诉了我，还陪我聊天，我还应该谢谢你呢！”

如果你在别人的傲慢中受到了伤害，那说明，你太自卑，太在乎对方，也太在乎自己。

宽容待人，是成功者的风度，它不是刻意而为，是发自灵魂的修养，是一种习惯，是水到渠成的流露。

金牌和人格

这是发生在1936年柏林奥运会上的一件事。当时最有希望夺得跳远金牌的是美国黑人选手杰西·欧文斯，他是当时的田径天才，1年前，他曾跳出8.13米的好成绩。

预赛开始后，一位名叫卢茨·朗格的德国选手第一跳就跳了8米，这使欧文斯十分紧张——这次比赛对他有着非同寻常的意义，那时，希特勒正大肆宣传“非犹太民族白种优越论”，欧文斯希望用自己的成绩证明这是一个谬论！

由于心急，第一次试跳，欧文斯的脚超过了起跳板几厘米，被判无效。第二次试跳还是如此。如果第三次仍然失败，他将不得不被淘汰出局。可欧文斯显然还是无法使自己平静下来。只要欧文斯被淘汰，决赛中的冠军就非卢茨·朗格莫属了。

可是卢茨·朗格没有选择金牌，他选择的是大义——他走上来，拍了拍欧文斯的肩膀说：“你闭上眼睛都能跳进决赛。你只需跳7.15米就能通过预选。既然这样，你就根本用不着踩上跳板再起跳——在离跳板还有几厘米的地方做个记号，从那里开始起跳，你无论如何也不会踩线了。”

欧文斯恍然大悟，他按照卢茨·朗格的话做了，轻松进了决赛。在决赛中，他发挥出应有的水平，一举夺得了冠军。

把名利抛弃，你的心才容得下真诚、友情和爱。

后来，欧文斯在他的传记中深情地写道：把我所有的金牌熔掉，也不能铸造我对卢茨·朗格的崇敬。而在我熔掉金牌之前，卢茨·朗格在心中早已把他的金牌熔掉了。

乐观者

米拉奇是一个乐观者，于是，凯特决定去拜访他。

米拉奇乐呵呵地请凯特坐下，笑嘻嘻地听他提问。

“假如你正行走间，突然掉进一个泥坑，出来后你成了一个脏兮兮的泥人，你还会快乐吗?”

“当然，我会高兴地想，幸亏掉进的是一个泥坑，而不是无底洞。”

“假如你被人莫名其妙地打了一顿，你还会高兴吗?”

“当然，我会高兴地想，幸亏他们向我挥出的是拳头，而没有手握屠刀。”

“假如你在拔牙时，医生错拔了你的好牙而留下了患牙，你还高兴吗?”

“当然，我会高兴地想，幸亏他错拔的只是一颗牙，而不是我的内脏。”

“假如你正在瞌睡时，忽然来了一个人，在你面前用极难听的嗓门唱歌，你还会高兴吗?”

“当然，我会高兴地想，幸亏在这里号叫着的是一个人，而不是一匹狼。”

“假如你的亲人背叛了你，你还会高兴吗?”

“当然啦。我会高兴地想，幸亏他背叛的只是我，而不是上帝。”

“假如你一个朋友也没有，你还会高兴吗?”凯特问。

“当然，我会高兴地想，幸亏我没有的是朋友，而不是良心和美德。”

“假如你马上就要失去生命，你还会高兴吗？”

“当然，我会高兴地想，我终于高高兴兴地走完了人生之路，让我跟随着天使，愉快地去参加另一个宴会吧。”

“这么说，生活中没有什么是可以令你痛苦的，生活永远是快乐组成的一连串乐符？”

“是的，只要你愿意，你就会在生活中发现和找到快乐——痛苦往往是不请自来，而快乐和幸福往往需要人们去发现，去寻找。”米拉奇快乐地说道。

虽然你不能拥有辽阔的大地，但是你拥有辽阔的天空。

生活是一座玫瑰园，有的人只管尽情欣赏美丽的花朵，有的人则一直对花枝上的刺耿耿于怀。

一起站在台阶上，乐观者看见天上的云朵，悲观者看到地上的污泥。

为什么不带走那条狗

有一部捷克电影，名叫《深蓝世界》，描写一批捷克飞行员在德军入侵之后，投奔英军加入战斗的真人实事。

第二次世界大战结束了，身经百战、历劫归来的男主角回到故乡，去他未婚妻的家。他首先看到他寄养的爱犬，情不自禁地与爱犬拥抱。接着，看到正在晾衣服的未婚妻。未婚妻已成少妇，见到他先是吓了一跳，接着便掩面而泣，因为她早听说他已经死在战场。

男主角立即懂了，背着沉重的背包转身离开。

走出门，一个小女孩坐在篱笆旁。当爱犬跟着男主角走的时候，小女孩喊："那是我的狗。"男主角愣住了，先问那小女孩的名字，再低下身对自己的爱犬说："不要跟我，留下来。"

电影结束了，但观众还安静地坐着。

一个小孩问妈妈："他为什么不带走那条狗？他已经没有了未婚妻，狗是他的，他为什么不带走呢？"

"他自己失去了，他不要那个小女孩也失去。"这位妈妈拍拍孩子的小脑袋说。

孩子一脸懵懂的样子，妈妈笑笑："总有一天你会了解，天地原来可以如此广阔，爱原来可以如此豁达。"

如果我们的生活不完美，就应该努力让别人的生活完美，因为，我们更理解不完美的痛苦。

留下一条狗，让自己的不幸远去，让孩子的快乐永存。

我也是一个海盗

那是很平常的一天，当那个小男孩和他妈妈一起走进来的时候，史密斯太太正坐在候诊室里等候看病。史密斯太太之所以注意到那个男孩，是因为他的一只眼睛上戴着眼罩。她很惊奇地看着那个孩子，看起来失去一只眼睛对他没有造成丝毫影响，她看着小男孩跟着他的母亲，向附近的一张椅子走去。

那天医生非常忙，使得史密斯太太有机会同那个男孩的母亲交谈，而那个孩子一直在同他的“士兵”玩耍。起初，他很安静地坐着，摆弄一队放在椅子扶手上的“士兵”。后来他慢慢地把“战场”移至地面，偶尔也会抬起头看看他的母亲。

最终，史密斯太太找到一个机会问那个小男孩他的眼睛怎么了，小男孩好像对这个问题考虑了很久，然后他向上推了推他的眼罩，回答道：“我的眼睛没有任何问题。我是一个海盗！”接着，他又沉浸于他的游戏之中了。

史密斯太太之所以会在这里，是因为她在一场车祸中失去了一条腿的膝盖以下部分，她今天过来是要看看伤势是否已经到了可以装上假肢的程度。这场车祸对她而言是毁灭性的。她也尝试着做一个勇敢的人，却还是觉得自己毫无用处。

从理智上来讲，史密斯太太明白这一场意外的车祸不应该毁掉她的一生，可是在感情上，她就是不能跨越这道心理障碍。她的医生曾经建议史密斯太太尝试一下想象疗法，可她就是不能想出一个在情感上可以接受的、持久的形象。在她的内心深处，她始终认为自己是个没用的人。

“海盗”这个词改变了史密斯太太的一生。她感受到了强烈的震动：她看到自己站在一艘海盗船上，穿得就像朗恩·西文一样，她的两腿分得很开，其中有一只是假肢。她的双手放在臀部并且紧紧扣住。她昂着头，肩微微后仰，面向狂风暴雨露出了微笑。一阵阵猛烈呼啸的海风不断地抽打着她的外套和脑后的头发，随着海浪不断的袭击，有不少冰冷的海水穿过了甲板的护栏而涌上来。在暴风雨的肆虐下，船只猛烈地摇晃着、呻吟着。只有她，依然坚定地站立着！骄傲地，无所畏惧地。

在那一刻，那个无用的形象已经消失，史密斯太太终于找回了失去的勇气。她多么尊敬那个孩子，那个忙着布置他的“士兵”的男孩。

几分钟之后，护士让史密斯太太进去。在她拄着拐杖挣扎着起身的时候，那个男孩发现了她的残疾。“嗨，太太，”他叫着，“你的腿怎么了?”那个男孩的母亲顿时感到非常窘迫。

史密斯太太低头看了看她的短了一截的腿有好一会儿，然后，她微笑着回答：“没什么，我也是一个海盗。”

人生有多少希望在等待，怎么能不意气风发？人生有多少坎坷要遭遇，怎么能不激情满怀？欣然一笑，苦难即成甘霖；傲然一立，失意变为豪歌！

天真无邪成就了一个孩子的雄心壮志，我们难道就不能留一份天真，抵挡人生的失意吗？就让我们的心中也住着这样一个“海盗”吧，他会举着望远镜，帮助你看见波涛那边的彼岸！

何谓有用之人

哥哥是大学教授，弟弟是名牌律师，兄弟俩平时分居两地，不常见面。

一天，哥哥来看弟弟，弟弟正在怒气冲冲地研究一份文件。

“你看他们这样利用我，我要告他们!”

哥哥看见的是一家孤儿院向社会募捐的启事，下面的发起人名单里面有弟弟的名字，而这位律师弟弟显然事先并不知情。

哥哥对着大发雷霆的弟弟笑了笑，半天才开始说话：“还记得吗？母亲一直勉励我们，要做一个有用的人。”

“当然记得。我一直在这样努力。”

“什么叫有用的人?”哥哥问。

“学问充实、品格端正、身体健康，能主持公道、维护正义。难道这有什么不对吗?”弟弟反问。

“当然对！但是你只知其一，不知其二。所谓有用的人，就是一个有资格被人利用的人。恭喜你今天被人利用了，这证明你的奋斗已经大有成就!”

弟弟茫然不解。

哥哥又对他说：“功业愈大，名望愈高，愈难免被人利用。怕被人利用的人成不了大事。”

弟弟逐渐心平气和：“那么我该怎么办?”

“把这家孤儿院的院长请过来，支持他募捐，并且帮助他建立制度，好好保管使用这笔钱。”

我们拥有了生命，这是我们的幸运。如果我们的生命能为另外的生命带来福祉，那将是更大的幸运了。

我们努力所做的一切，不仅是为了自己生活得更好，也是为了别人生活得更好，这是所有生命的使命和责任。

留下您的餐叉

“牧师，您今天下午可以到我家来一趟吗？我有事和您说。”丽娜在电话里说。她是教会里年纪最大的，也是最和蔼可亲的老人。她告诉牧师，医生在她身体里发现了一个严重的病灶。“他说我大概还有6个月的时间。”丽娜的声音严肃而镇静。

“我很难过……”牧师正要说些安慰的话，但被丽娜打断了。“不要为我难过。主对我很好。您知道，我活了很长时间，我已经准备好了。不过我需要和您说说我的葬礼。我想了很久了，我想要安排一些事。”

当天下午，牧师和丽娜谈了很长时间。他们商量了葬礼上用的颂歌，对丽娜影响深刻的圣经段落。一切都定妥之后，丽娜说：“还有一件事，牧师。他们掩埋我的时候，我要拿着我的旧圣经和一把餐叉。”

“餐叉？”牧师奇怪地问，“您为什么要餐叉呢？”

“我参加过很多宴会，”丽娜解释说，“当客人们差不多用完饭菜后，佣人会来端走用过的盘子。有时候，在那些高级的宴会上，有人会探过身来小声对我说‘您可以把餐叉留下。’”

“您知道那是什么意思吗？甜点马上就要端出来了。不是果冻、布丁，也不是一盘冰激凌，这些一般的甜点不需要用餐叉。这说明是巧克力蛋糕或是樱桃馅饼之类的好东西！所以当主人要我留下餐叉的时候，我就知道最好的东西还在后面呢！”

“这就是我想要参加葬礼的人知道的一件事。噢，他们可以谈论我们在一起度过的美好时光。但当他们经过棺材时会互相问‘为什么她握着一把餐叉？’”

“我要您告诉他们，我留下餐叉，是因为我知道最好的就要来了。”

你看起来有点不愉快，是不是又想起60年前我约会迟到的那件事？

对于丽娜来说，离开这个世界，并不意味着自己的消失，她握着餐叉，只是去参加另一场欢宴。

在人生的四季之中，丽娜仅仅是到了她的冬天而已，她准备睡一觉，然后再去另一个世界重新发芽。

活着的人也应该时刻这样想：最好的就要来了……

谁是豁达的人

美国一家民间社团，要从500名由各界人士组成的人群中评选出一位“最豁达”的人，为此他们举办了一系列活动。

其中一个活动就是参观社区。首先他们带这些人去了贫民窟，那里的房子大部分又暗又潮湿，一个不足30平方米的房间，通常要挤一家六口，或者更多的人。很多家庭都靠救济生活，几乎每家都至少有一个病人，或生活不能自理者。

面对患病者和失学儿童无助的眼神，很多参观的人都流下了眼泪。临走时，人们纷纷解囊，不少人还答应会定期捐助。

接着，该社团又将人们带到一处高档社区。那里是一栋栋豪华的别墅，几乎每幢别墅都配有游泳池和花园，别墅不但装修精美，而且设施齐全。每座花园里，都停有几辆高级轿车。

在高档社区参观的时候，该社团同样对参观团成员进行了暗中拍摄，从拍摄的画面中可以看出人们的情绪。在这里，几乎所有人的表情都很愤怒，眼中充满了不满。有几个人甚至还试图毁坏社区的某些设施。

最终，那家社团宣布，在500名参赛者中，没有一个算得上豁达之人。很多在贫民窟慷慨捐款的人想不通，难道他们无私奉献的举动还不足以证明吗？该社团给出的意见是：对弱者充满同情，固然可贵，而面对别人的成功，也能够坦然处之，如此胸襟，方为豁达。

我们愿意同情弱者，却不愿意支持强者，我们愿意怜悯不幸的人，却对幸福的人心怀妒意。如此，我们的怜悯和同情也不是出自真诚的善良，而只是在炫耀虚伪的美德。

真心去帮助比我们弱小的，真心去祝福比我们强大的，能这样做的话，我们就是最强大的人。

不生气的妹妹

沙利文是一家便利店的老板，附近有一对小姐妹，她们每天放学后一定会一起到这家便利店光顾。这对姐妹乍看之下与其他人并无差异，甚至普通到让人过目即忘，但直到沙利文见识到她们之间相处模式的那一刻，一切才有了不同。

姐姐的外表看来文文静静，但脾气却异常粗暴，每次到店里来，她总会严厉地对妹妹进行“训斥”，最常听见的有：“你没有脑子吗？这个快要到期了，还拿？”要不然就是：“你是白痴呀！明明写着买一送一，你还只拿一个！”更狠的话还有：“你这只猪，金额超过了你不会算吗？”

那个挨骂的妹妹，居然一声不吭，她依然气定神闲地挑选自己想要的东西，而且丝毫不受姐姐情绪的影响。

一天，又到了放学时间，令人意外的是，这天只有妹妹一个人来到便利店，沙利文见那个泼辣的姐姐不在，于是便和妹妹聊起来。

“妹妹，今天怎么只有你一个人？”

“姐姐感冒了。”妹妹一笑，样子相当可爱。

“我觉得你姐姐好凶哦！”沙利文试探性地说。

“不要理她就好了。”妹妹在卖场逛着，神情相当愉快。

“可是她每天都那样骂你，你不生气吗？”

“爱生气的人是她又不是我，而且被骂一下又不会痛。”妹妹嘟嘟嘴道。

是吗？小小年纪居然可以这么想，真是不可思议。反观自己，也许是从小就养尊处优惯了，所以现在才会稍微被责备一下就难过得想死，吃了点亏就非得要据理力争不可，在精神层面，这个年幼的妹妹只怕胜过许多成人。想到这些，沙利文感到很愧疚。

“阿姨，我要买这个。”妹妹拿着一支冰棒到柜台来结账，沙利文一看，正好是促销品，于是对她说：“妹妹，这个现在买一送一哟！你可以再去拿一支。”

原以为她的反应一定和其他小朋友一样，先是眼睛一亮，然后满心欢喜。不料她却对沙利文说：“可是我现在只想吃一支就好，另外一支就送给别人吧。”说完挥挥手便走了。

看着妹妹一蹦一跳地离去，沙利文忽然有很深的感触，这个小女孩太特别了，甚至让人觉得在某方面大人必须向她学习。挨骂，她可以不在意；多的，她也不贪心。如果所有人都能以这么简单、纯真的心来面对世界，那么多的纷争与悲剧应该可以终止了吧！

真正有力量的人，不是能控制别人的人，而是能控制自己的人。

农夫的想法

一个穷困的农夫有一位朋友，他因为善于种植苹果树而远近闻名。

有一天，朋友送给农夫一棵小苹果树苗，让他种在自己的地里。

农夫收到礼物非常高兴，但回到家后，却不知道该将它栽在什么地方。他担心，如果把树栽在路边，路人会顺手摘走苹果；如果栽在自己的某块地里，邻居们夜里就会去偷苹果；如果栽在自己的房子旁边，他的孩子们会爬上去吃苹果。

最后，农夫把树苗栽进了一片没人去的林子里。可是因为没有充足的阳光和肥沃的泥土，树苗没多久便枯死了。

朋友知道情况后问农夫："为什么要把树苗种在那么贫瘠的地方？"

"有什么不一样吗？"农夫生气地说，"我要是把树栽在路边，路人会摘；把树栽在自己的地里，邻居们夜里会摘；把树栽在自己的房子旁边，孩子们会摘。"

"也许是这样，"朋友说，"可至少有人可以享受到果实啊。如今，你不仅剥夺了每个人的果实，也毁了一棵好苹果树！"

不能舍，就不能得。担心失去，比真的失去还要多，还要快。

名利的真相

从前，有一个爱幻想的年轻人。他听说名利是一个年轻漂亮的姑娘，谁能找到她，谁就是天下最幸福的人，所以他在心里迷上了名利。他发誓，即使花上一生的时间，也要找到她。

他首先到那些充满智慧和哲理的书籍中去找名利。结果他发现这些哲理书对名利始终持批评否定的态度，而且一直排斥她——名利不在书籍里。

他又向宗教里去找名利。但是宗教宣称，许多幸福，也包括名利在内，都是一个人在死后才能得到的，而活着的时候是应该舍弃的。这也不是他想要的结果。

他又向大千世界去寻找。每到一个地方，他就问："你们知道名利吗？她在这里吗？"每次人们都回答他："名利？是的，她来过这里。不过那是很久以前的事情了。她后来又走了，没有人知道她去了哪里。"就这样他用了许多年，找了许多地方，可是每次都得到同样的答复。

于是他转向大自然。他问高山、森林和海洋，还有飞鸟、游鱼、走兽和昆虫："你们知道名利吗？她在这里吗？"然而回答依然令他失望："名利？是的，她来过这里。不过那是很久以前的事情了。她后来又走了。"

许多年过去了，这个年轻人慢慢老去，但他还在寻找名利。最后，他来到世界的尽头，那里有一个黑暗幽深的山洞。老人进了山洞，等到眼睛适应了黑暗之后，他发现山洞里有一个又老又丑的妇人。

一个神秘的声音告诉他，眼前的这个妇人就是名利。

虽然非常失望，但他还是凑到她的跟前问她："我一直在到处找你，开始时我还是个年轻人，现在我已经完全老了。许多人都像我一样盼望着你，对你翘首以待。为什么你要躲着我们，躲着这些热切追求你的人呢？求你了，走出这个山洞，和我一起回到世界上去吧。"名利没有回答他。

老人花了许多天来劝说名利，可名利像哑了一样，始终不搭理他。当老人明白名利从未离开过她隐身的这个山洞之后，他说："那算了，由你去吧。既然你不肯跟我一起走，那我就一个人回去了。但在走之前，我有一个要求：你得给我一个口信，我把它转达给世上的人，好证明我确实找到过你。"

这时，名利，这个又老又丑的妇人，抬起头来，盯着老人的眼睛，一字一顿地说："告诉他们，我年轻而且漂亮。"

除非你自己放弃名利，否则，名利会一辈子抓着你的手，直到你为她而老去，直到你发现她丑陋不堪，直到你一无所获，无功而返。

人最可悲的是，很多时候，我们放弃了自己，去追逐不属于我们的那个东西。

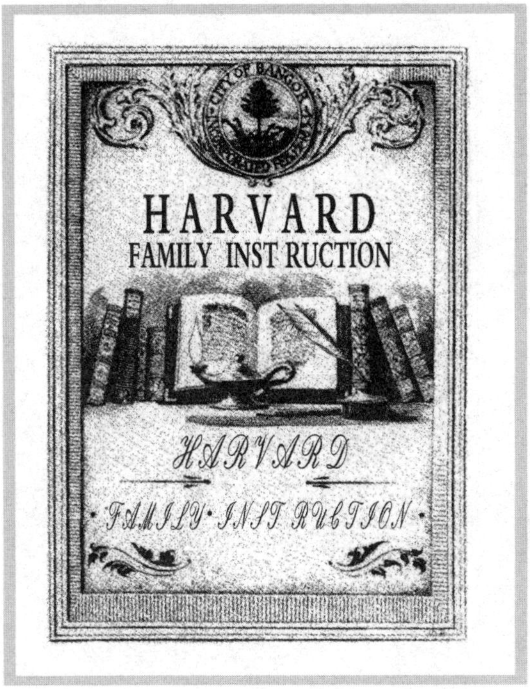

廉介

无私无欲的高洁

HARVARD FAMILY INSTRUCTION

马的倒影

一位商店老板来找拉比："拉比，我毁了。你知道我商店的对面将会发生什么事情吗？有人就要开另外一家店了。他将会抢走我所有的生意，我将会失去我的生计！"

拉比对这位发疯的男子说："我问你，你时不时地会带你的马去水塘喝水吗？"

"是的，拉比，但是……"

拉比接着说："你有没有注意，马总是一只脚踩到水里之后才开始喝水？"

"是啊，当然注意到了。"

"好。我来告诉你，马为什么要把一只脚踩到水中，"拉比将身子从椅子里往外倾过来，接着说，"马在水中看到了自己的倒影，它并不知道它看到的是它自己，它以为有另外一匹马在水塘里。这匹马害怕没有足够的水给它们俩喝，所以，就试图用踩踏的方式把另外那匹马赶走。"

拉比停顿了一下。

"但是，水塘里有大量的水，可供很多的马喝啊！"那个老板高声地说。

"是的，可是马却不这么想。你会怎么想呢？"拉比往后靠到椅子上，笑了笑。

这位商店老板恍然大悟，他向拉比回了一个笑脸，这是他那天的第一个笑脸。

世界本来属于所有的人，但所有的人都期望世界只属于他一个人。

这本来是一个无法实现的期待，但每个人都在用一生期待并且试图实现。

想当年功成不居

在第二次世界大战中，法国只抵抗了 6 个星期，就被德国人占领。法国政府总理、“一战”的凡尔登英雄贝当元帅，授命向德国投降。3/5 的法国领土被德国占领，贝当只好在南部维希小镇建立了一个傀儡政权，被称为“维希法国”，戴高乐被任命为伪政权的国防部长。

法国宣布投降的当晚，戴高乐将军到机场护送一名英国将军回国。两个人握手、拥抱，然后英国将军上机。飞机滑行时，戴高乐将军突然开始拔腿追赶飞机。送行的人都傻了——将军疯了，这是干吗呢？英国将军回过神来，探出身子，抓住戴高乐的胳膊，一把就将他拽了上去。

戴高乐将军一飞抵伦敦，立刻发表广播讲话，宣布成立自由法国政府，号召所有法国内地不愿屈服的人组成军队抵抗，号召法国所有海外自治领地，那些没被德国占领的如北非、越南等自治领地的法国军人，服从自由法国政府，开展对德国的抵抗运动。

1944 年，巴黎光复，戴高乐将军回到法国，开始主持战后法国的政务。他组织自由法国，两次开庭审判贝当元帅，最终判处他死刑。当政府的一切工作步入正轨后，戴高乐就立刻功成身退，辞掉临时主席职务。他离职之前签署的最后一道命令，就是特赦了自己的老师贝当元帅。

此后，戴高乐将军一直待在家中，13 年后的 1958 年，当法兰西第四共和国处在风雨飘摇之中时，他再次领导人民建立了第五共和国。今天的法国就是第五共和国的延续，戴高乐是开国总统。他干了 10 年，任满之后辞职。

临走的时候，戴高乐唯一的要求是带走爱丽舍宫内用了多年的旧书柜。他问秘书和管理人员："书柜我能不能拿走?"管理人员泣不成声地说："整个法国都是您拯救的，两个书柜算得了什么呢?"戴高乐将军让秘书按新书柜的价格付了款，把这两个旧书柜带走了。退休之后，戴高乐将军拒绝领取总统退休金，他将这笔钱全部用于慰问阵亡将士的家属。

法国光复之前，戴高乐将军只是一个准将，法国光复的时候，国会要授予他元帅军衔，被他拒绝了。戴高乐认为，胜利应该属于光荣的将士们，不能把功劳归于自己。直到最后退休，他仍然是领一份退休准将的微薄薪金。为了维持正常的家庭开支，戴高乐就只能写回忆录，依靠稿费谋生。直到去世的时候，他还在坚持每天写作。

当年法国光复的时候，戴高乐一回到法国，就去巴黎圣母院做弥撒，感谢上帝拯救了法国。当他进入巴黎圣母院的时候，钟楼里面藏着德国的狙击手。那名狙击手瞄准了戴高乐将军，已经把他的头部套在了瞄准镜的十字线上。但是，狙击手被戴高乐将军伟大的人格魅力所感召，不但没有开枪，相反热泪盈眶，泣不成声，主动从塔楼下来投降了。

面对戴高乐这样的为人，有谁不会为之动容呢?

金钱、名誉和地位都可以打动人心，而所有这一切，都不能打动戴高乐。

他拥有一个国家，晚年却依靠稿费谋生；他身为总统，却只是一名准将；他德高望重，却不留恋权力，功成身退。

是什么能让一个人做到这样？因为他奋斗之所向，以及他人生之所爱，皆不在此。能打动他的，只有他的祖国法兰西——法兰西的人民，法兰西的事业！

正所谓，有大志者，不贪私利，怀大德者，不图己欲。

一块金表的传奇

1941 年，英国海军上尉泰迪·培根在皇家海军“击退”号军舰上服役。当时，该军舰停泊在直布罗陀海港。

有一天，当泰迪在军舰上向一名船员示范如何将锚绳抛向海岸时，他佩戴的一块宝路华自动金表突然从手腕上滑落，掉进了海水中。金表遗失后，泰迪曾到当地的政府官员那里进行登记，并且留下了在英国的地址。

后来，泰迪回到了英国。对于那块遗失的金表，泰迪相信自己再也不会见到它了。

谁也没有料到，2007 年，在海底沉睡几十年后，那块金表竟然被直布罗陀海港的挖泥工人打捞上来；更让人惊讶的是，那块表非但不曾锈蚀，反而走时准确，分秒不差。

由于当年泰迪曾对金表进行登记，所以当金表被打捞上来后，直布罗陀政府官员立刻就知道了金表的主人。他们找到了当年泰迪留下的家庭地址，然后将金表包在一个牛皮袋中，寄了过去。

世事沧桑，几十年里，泰迪搬了无数次家，可那块金表在辗转多次后，仍然回到了年近 90 岁的泰迪手中。金表落水 66 年后物归原主，令人惊叹不已，那么，是谁成就了这个传奇呢？

不用问，首先是挖泥工人。一块沉睡海底几十年仍能准确报时的金表，其价值自然不菲，如果挖泥工人稍一动心，金表也就难以重见天日，但诚实的工人却送出金表，让金表迈出了走向传奇的第一步。

接下来，是直布罗陀的政府官员们。对于60多年前的旧事，他们毫不陌生，所以能够迅速找到地址，将金表寄出去。就这样，金表踏上了自己的传奇之旅。

最后，还有英国的邮政服务人员。对于“查无此人”的邮件，退回原处是理所当然的做法，但他们没有那样做，而是不断找寻收件人的新地址，直到邮件最终送达。若没有他们的认真负责，那块金表又怎么能够物归原主呢？

正是他们，使金表的传奇画上了圆满的句号。

我们得再快一点，这个丢了钱包的人一定急坏了。

优质的金表，纵然深埋污泥，依然灿烂；美丽的心灵，无论尘世怎样侵蚀熏染，仍然光洁剔透。

金表是珍贵的，比金表更珍贵的，是金子一样闪光的心。

华盛顿的犹豫

1796年，美国第一任总统乔治·华盛顿两任期满，虽然国人苦心挽留，但他拒绝竞选连任。

为了感谢华盛顿对美国的无偿服务，家乡的詹姆斯河运公司决定赠送他价值5万美元的股票。这在当时是一笔相当大的财产。

那个时代联邦政府官员还是没有薪金的职位，华盛顿从担任大陆军队总司令开始，就没有拿过一分钱报酬，20年下来，已是两袖清风。5万美元的股票，对他不啻是“雪中送炭”。

但华盛顿没有为眼前的财富动心。他知道，这钱是合法的，但是有损于他的荣誉。可是，如果直接拒绝的话，会伤害别人的好意。

华盛顿犹豫再三，拿不定主意，于是，他去征求老友托马斯·杰斐逊的意见。杰斐逊曾经是《独立宣言》的起草者，华盛顿执政时的国务卿，后来成为美国第三任总统。杰斐逊说，最好先接受这笔馈赠，然后再将它捐给公益事业。这样，就两全其美了。

就在这时候，列克星敦学校陷入财务困境，面临倒闭的局面。于是，华盛顿就接受了詹姆斯河运公司的股票，随后全部捐给了列克星敦学校。这是当时全美国私立学校所得到的最大一笔捐款。两年后，校董会决定，该校更名为“华盛顿学院”，也就是现在的乔治·华盛顿大学。

金钱只能享用于当世，而名誉，会流芳千古，或遗臭万年。所以，小人重利益，君子重名节。

有所取，有所不取，才是做人之至理。

打赌减肥

大富豪约翰和斯密斯结伴到大西洋的莫亚岛度假时，发现那里的很多人都有身体超重的问题。于是斯密斯对约翰说，我们来打个赌吧，我愿意出 100 万美元，如果你能用这笔钱让这些人成功减肥，我再给你 100 万美元。如果你输了，你就得给我 200 万美元。怎么样？喜欢挑战的约翰爽快地答应了。

设下赌局后，约翰很快就为岛民们拟定了一个减肥计划，接着，他和斯密斯各自留下一个助手在此实行计划，而他们自己则又到别处度假去了。

不久，莫亚岛上新建了一个大超市、一家银行和一所健身中心。

根据规定，每个身体超重者都可以到超市免费领取一张会员卡，领卡的时候，要先称体重，并作为原始资料记录在会员卡上。每个持卡的超重者都能得到 500 美元的代金券，该券可以用来购买蔬菜、跑步机等健康食品和运动器材。持卡人体重每减轻 1 公斤，就可以领到 200 美元的超市购物券作为奖励。

在银行办卡时同样享有优惠：存钱时记录体重，取钱时，利息与超重者的减肥成果挂钩，减重越多，利息越高。

健身中心则对超重者免费开放。

转眼 1 年过去了，约翰和斯密斯又相约来到了莫亚岛。让他们吃惊的是，岛上原来的肥胖居民只有 1/3，可现在居然全部都成了严重肥胖者！

这究竟是怎么回事？约翰和斯密斯都感到很奇怪，于是就开始展开调查。

他们到街上拉住一个胖子询问。胖子告诉他们说：“我本来不胖，但看到减肥的优惠政策后，我就想办法让自己变胖，因为这样的话，我就能享受到那些优惠待遇了。”

约翰不解地问：“可是你现在已经很胖了，为什么还不去办卡呢？”

“因为我觉得自己应该还能再胖一点，”胖子回答，“第一次称的体重数字会记录下来，以后的奖励都会以此为标准。现在体重越重，将来可减的余地越大，得到的优惠也相应更多，所以，我还得进一步努力增肥。”

原来，大家都不知道自己的体重什么时候才能增加到极限，所以都迟迟不去称重。约翰只好承认自己输了。斯密斯虽然赢了，但他却怎么也高兴不起来……

如果在驴的眼前悬吊着一根胡萝卜，它会为此不停地奔走，直到扑地而死。贪欲是幸福人生最大的敌人。

人总是骂驴是“蠢驴”，难道人真的比驴更聪明吗？

貂皮验友

一群印第安人围住一家新开的店铺，大家指指点点议论纷纷，却都只看不买。

酋长过来了，他对店主说："我要用一块貂皮换一条毯子，用一块貂皮换一块印花布。今天你把货物给我，明天我给你送来貂皮。"

酋长取走货物，第二天背着他的信誉来了。

酋长取出两块貂皮，放在柜台上。稍稍犹豫了一会儿，他又抽出第三块，这是一块特别珍贵的貂皮，他把它也放在柜台上。

店主不禁露出诧异和惊骇。他感谢酋长让他开了眼界，之后，恭敬地把最后那一块推了回去。

店主说："这一块太贵重，远远超出了我给你的货物价值。把前面那两张皮给我吧，我只拿我应得的。"

收回貂皮，酋长不动声色地跨出门，对他的族人说："来吧！来吧！跟这个人做买卖吧，他不贪心，不欺骗。"

酋长又转身对店主说："如果你刚才收下了后面两张貂皮，我就会叫他们不要跟你打交道，甚至还会赶走其他顾客。但是现在，你已经是印第安人的朋友了。"

天黑之前，这家店铺就堆满了毛皮，抽屉里也塞满了银币。

你有多大的价值，就能抵挡多大的诱惑。

金钱只追逐那些诚实守信的人，幸运之门只会向公平正直的人敞开。

穆希卡的财富观

乌拉圭总统何塞·穆希卡，是当今世界上最穷的总统。

这位老兵出身的总统，家有一辆 1987 年出产的大众甲壳虫汽车，一台拖拉机，一座农场，还有一套老式木板平房。他的月薪是 1.25 万美金，但他只留 1500 美金的生活费用，其余全部捐献给慈善事业。

当选总统后，穆希卡不住总统府邸，坚持居住在首都蒙得维德亚郊外的农场，睡在古旧的木板房里。农场外只有一条仅够一辆汽车行驶的土路，木板房外有个小操场和一个洗衣池，家里的日常用水需要从旁边野草地里的一口井里提上来。

穆希卡总统每天都自己开车上下班，身边只有 3 名警卫——两名警察和一条名叫“曼努埃拉”的狗。

2010 年，穆希卡依法公开自己的财产，官方审计的结果是，穆希卡夫妇的全部财产约合 21 万美元，完全属于他自己的家产主要来自那辆旧汽车，其他部分则来源于他妻子的农场、木板房和拖拉机。

在一次地区领导人会议上，一名酋长提出用 100 万美元买下他那辆天蓝色大众甲壳虫。消息传出，那辆老爷车的照片在乌拉圭社交媒体上大肆传播。不过，穆希卡最终还是抵住了金钱的诱惑。

“我不会卖车，”穆希卡接受一家国内电台采访时说，“如果卖了它，将是对那些当初帮我凑钱买车的朋友的一种冒犯。”

原来，当初是几个好朋友借钱给他才买了这辆车。

在处理国家政务之余，穆希卡就开着那辆拖拉机在农场耕种。他告诉记者，他对所拥有的一切感到非常满意。“享我所有，夫复何求？”

很多人说穆希卡很穷，有人甚至对他表示同情。但穆希卡的解释是：“被财富奴役，那才是真正的穷人。”

关上窗子，喝一杯冷饮，想象自己躺在夏威夷海滩上……幸福不就是一种心情吗？

一棵树或者一朵花，从来没有想把天空据为己有，也没有想要把土地据为己有，也没有想把哪一块石头据为己有，它们安然地生长，没有忧虑，也没有负担。因为它们不占有，所以它们享有全部。

坐在窗前看天上的云彩，云彩属于别人，也属于你。如果你一定要把它们弄到屋里，希望一人享有，结果只会化为乌有。

广告的妙用

有一次，一位先生对一个商人说："上个星期，我的伞在伦敦一所教堂里被人偷走了。因为伞是朋友作为礼物送给我的，所以，我花了两把伞的价钱登报寻找，可还是没有找回来。"

"您的广告是怎样写的?"商人问。

"广告在这儿。"那人边说边从口袋里掏出一张从报上剪下来的纸片。商人接过来念道："上星期日傍晚，于教堂遗失黑色绸伞一把，如有仁人君子拾得，烦请送至布罗德街 10 号，当以 10 先令酬谢。"

"我说朋友，"商人说，"我倒是常常登广告，那是挺划得来的啊。不过，广告写法可大有学问。对于您那把伞，咱们再登个广告试试。"

说着，商人从口袋里摸出一张纸，在上面这样写道："上星期日傍晚，有人曾见某君从市教堂取走雨伞一把，取伞者如不愿招惹麻烦，还是速将伞送回布罗德大街 10 号为妙。此君为谁，尽人皆知。"

这条广告见报了。次日一早，失主打开前门便大吃一惊。原来门前早已横七竖八地摆放了一堆雨伞。失主自己的那把黑绸伞也在其中。好几把伞上还拴着一张字条，说是没留心拿错了，恳请失主勿将此事声张云云……

一把伞，可以抵挡风，抵挡雨，却抵挡不住人的贪心。

不能自律的人，永远是卑微可怜的奴隶。

真相只有狗知道

市政公务员叶列麦伊·巴勃金的皮大衣被人偷走了。他大声地哀号起来，他真心疼这件皮大衣呀。巴勃金说："诸位，我那件皮大衣可是好货啊，太可惜了，我非把这个贼抓到不可，我要啐他一脸唾沫，还要把他关进监牢。"

于是，叶列麦伊·巴勃金叫来警犬搜查。来了一个戴鸭舌帽、打绑腿的便衣，领着一只狗。狗还是个大个头，毛是褐色的，嘴脸尖尖的，一副很不雅观的尊容。

便衣把那只狗推到门旁去闻脚印，自己"嘘"了一声就退到一边。警犬嗅了嗅，朝人群扫了一眼——四周自然有许多围观的人，突然警犬跑到一个叫费奥克拉的财务主任跟前，一个劲儿地闻她的裙子下摆。主任吓得直往人群里躲，狗一口咬住她的裙子。主任往一旁跑，它也跟着。一句话，它咬住主任的裙角就是不放。

主任"扑通"一声跪倒在便衣面前。"完了，"她说，"我犯案啦，我不抵赖。"她说："有50万卢布给了父母，还有100万卢布存进了瑞士银行，这不假。还有一些现金，这也是真的，都藏在浴室的地板下。把我送警察局好了。"

人们自然惊得叫出了声。"那件皮大衣呢？"有人问。她说："皮大衣我可不知道，听都没听说过，别的都是实话。抓走我好了，随你们处罚吧。"于是，主任就被带走了。

便衣牵过那只大狗，又推它去闻脚印，说了声"嘘"，又退到一旁。狗转了转眼珠，鼻子嗅了嗅，忽地冲着房产管理员跑过去。管理员吓得脸色煞白，摔了个仰面朝天。他说：“诸位好人呀，我真的是发昏了，把我捆了吧。我收的水费，几十万卢布全让我给乱花了。”大家一拥而上，把管理员捆绑起来。

随后，警犬又到处闻呀闻，突然它冲进了格里高利处长的办公室，一口咬住他的裤腿。处长面如土色，瘫倒在人群前面。他说：“我有罪，我有罪。是我编造了移民资料，把大量的款项变成自己的财产。我坦白罪行，你们把我逮起来吧。”

人们发慌了，心想：“这是只什么狗，这么吓人呀！”

叶列麦伊·巴勃金听了这话，一个劲儿眨巴着眼睛。他朝四周看了看，掏出一沓钱递给便衣。“快把这只狗牵走吧，真见它的鬼。丢了貂皮大衣，我认倒霉了。丢就丢了吧……”他正说着，狗已经过来了，站到他的面前不停摇尾巴。

叶列麦伊·巴勃金慌了手脚，掉头就走，狗追着不放，跑到他跟前就闻他那双套鞋。叶列麦伊·巴勃金吓得浑身筛糠，他说：“老天有眼，我实说了吧，我的那件皮大衣，也不是我自己买的，是一个人送我的，因为我帮他让一批走私货顺利过了海关。我真该死，我真后悔啊。”

这下子，人群四散而逃。狗也顾不得再到处闻，就近咬住了两三个人。这几位也一一坦白：一个税务官打牌把公款给输了；一个民政办事员把孤儿院的抚恤金存进自己的账户；还有一个是机关人事科长，他向每一个求他办事的人索取贿赂……

人一跑光，市政厅门口空空如也，只剩下那只狗和便衣。这时，警犬忽然走到便衣跟前，大摇尾巴。然后，一口咬住便衣的裤子。便衣脸色陡地变了，一下子跪倒在狗跟前。他说：“老弟，要咬你就咬吧。你的狗食费，我领的是30卢布，可自己私吞了20卢布……”

如果世界上一个廉洁的人都没有，人类就真的连狗都不如了。

要是这个故事能引起我们发笑的话，我相信，这样的笑一定不会持久：你敢保证，这条狗看见你的时候，真的不会咬住你的裤脚吗？

“耳聋”促销

在美国西部，有一家由兄弟二人共同经营的服装店。这对鲁比兄弟在经营中常常借“耳聋”来促销，效果十分显著。

有顾客光临的时候，两兄弟中一人扮演雇员，热情接待顾客，耐心细致地为顾客介绍某款衣服的特点。顾客觉得各方面都满意后，自然就会询问衣服价格。

“这件衣服卖多少钱?”面对询问，“雇员”这时就把手放在耳朵边问道：“您说什么?”

顾客提高声音问：“这件衣服卖多少钱?”

“雇员”这时才仿佛明白顾客的意图，他立刻对顾客说：“对不起，这款衣服刚进来，让我问一下老板。”

于是，他转身向里边大声喊道：“老板，刚进来的这一款红裙子卖多少钱?”

老板站起来看了看服装，然后故意大声地说：“172 美元!”

“多少?”“雇员”装作没听清，又问。

“172 美元!”老板答道，显出很不耐烦的样子。

“雇员”回头一脸笑容地对顾客说：“72 美元一件。”

顾客一听，赶紧掏钱买下这款衣服，然后匆匆离去。

牢牢抓住了顾客贪便宜的心理，鲁比兄弟的促销“骗局”就这样一次又一次地得逞了。

天上真的掉一个馅饼的话，你一定要赶快让开，接着肯定会掉一块石头。

世界上绝对没有傻瓜，当你把别人当傻瓜的时候，说明你自己真的成了傻子。

老铁匠与瓷壶

苏格兰北部一个村子里有一家铁匠铺，铺里住着一位老铁匠。由于没人再需要打制的铁器，现在他改卖铁锅、斧头和拴小狗的链子。

老铁匠的经营方式非常古老和传统。人坐在门内，货物摆在门外，不吆喝，不还价，晚上也不收摊。你无论什么时候从这儿经过，都会看到他在竹椅上躺着，身旁放着一把维多利亚时代的陶瓷茶壶。他的生意也没有好坏之说，每天的收入正够他喝茶和吃饭。他老了，已不再需要多余的东西，因此他非常满足。

一天，一位文物商人从村子经过，偶然看到老铁匠身旁的那把茶壶。商人走过去，左右端详，爱不释手，据说这样的壶在伦敦拍卖市场上，价格已经飙升到 15 万英镑以上。

商人端着那把壶，想以 10 万英镑的价格买下。当他说出这个数字时，老铁匠先是一惊，后又拒绝了，因为这把壶是他爷爷留下的，他们祖孙三代打铁时都喝这把壶里的水，他们的汗也都来自这把瓷壶。

商人走后，老铁匠有生以来第一次失眠了。这把壶他用了近 60 年，并且一直以为是把普普通通的壶，现在竟有人要以 10 万英镑的价钱买下它，他一时还转不过神来。

过去老铁匠躺在椅子上喝水，都是闭着眼睛把壶放在小桌上，现在他躺下去之后总要不时坐起来看一眼那个壶，这让他非常不舒服。特别让他不能容忍的是，当人们知道他有一把价值连城的茶壶后，经常有人来打扰他，有的问他家里还有没有其他的宝贝，有的甚至开始向他借钱。老铁匠的生活被彻底打乱了，他不知该怎样处置这把壶。

当那位商人带着钱第二次登门的时候，老铁匠再也坐不住了。他招来左右店铺的人和前后邻居，拿起一把斧头，当众把那把瓷壶砸了个粉碎。

现在，老铁匠还在街头卖铁锅、斧头和拴小狗的链子，只是身边少了一把瓷壶。据说他现在已经92岁了。

太多的诱惑，总会让我们无所适从。

老人砸碎的不是一个茶壶，实际上，他砸碎的是一个诱惑。

我们都是凡人，钱财会勾引我们的心。但是，智慧的人知道自己最终或许无法抵挡，那么，他和常人不同的一点是，他认识到这一点，然后，摆脱它。

欲望的火苗一旦燃起，就难以熄灭，最后它会烧毁自己的人生。

林肯的良心

1809 年 2 月 12 日，亚伯拉罕·林肯出生在一个农民的家庭。小时候，他家里很穷，没机会上学，每天跟着父亲在西部荒原上开垦、劳动。他自己说："我一生中进学校的时间，加在一起总共不到一年。"但林肯勤奋好学，一有机会就向别人请教。他放牛、砍柴、挖地时怀里也总揣着一本书，休息的时候，一边啃着粗硬冰凉的面包，一边津津有味地看书。晚上，他在小油类下常读书读到深夜。

长大后，林肯离开家乡独自一人外出谋生。他什么活儿都干，打过短工，当过水手、店员、乡村邮递员、土地测量员，还干过伐木、劈木头的重力气活儿。不管干什么，他都非常认真负责，诚实而且守信用。

林肯十几岁时当过村子里杂货铺的店员。有一次，一个顾客多付了几美分，他为了退这几美分，跑了十几里路。还有一次，他发现少给了顾客二两茶叶，于是在下班后连忙把茶叶送到那人家中。林肯诚实、好学、谦虚，每到一处，都受到周围人的喜爱。

1834 年，25 岁的林肯当选为伊利诺伊州议员，开始了他的政治生涯。1836 年，他又通过考试当上了律师。由于他精通法律，口才很好，在当地很有声望。很多人都来找林肯帮着打官司。但是他为当事人辩护有一个条件，就是当事人必须是正义的一方。许多穷人没有钱付给他劳务费，但是只要告诉林肯：

“我是正义的，请你帮我讨回公道。”林肯就会免费为他们辩护。

一次，一个很有钱的人请林肯为他打官司。林肯听了那个客户的陈述，发现那个人是在诬陷好人，于是就说：“很抱歉，我不能替您辩护，因为您的行为是非正义的。”那个人说：“林肯先生，我就是想请您帮我打这场不正义的官司，只要我胜诉，您要多少酬劳都可以。”

林肯严肃地说：“只要使用一点点法庭辩护技巧，您的案子很容易胜诉，但案子本身是不公平的。假如我接了您的案子，当我站在法官面前讲话的时候，我会对自己说：‘林肯，你在撒谎。’谎话只有在丢掉良心的时候，才能大声地说出口。我不能丢掉良心，也不可能讲出谎话。所以，请您另请高明，我不能为了您的钱而为您效劳。”

那个人听了，什么也没说，默默地离开了林肯的办公室。

一个人如果把良心卖给了金钱，就如同把生命抵押给了魔鬼。这样的交易不会一次终止，一旦踏上这样一条肮脏的路，人生就永远不能回头。

做人必须有底线，道德的底线，就是人性的悬崖。

不说谎的分寸

费尔南多在星期五黄昏经过一个小镇。由于身无分文，只好到犹太教会堂找执事，请他推荐一个能提供食宿的家庭。

执事查了一下记事本说："本周五，路经本镇的穷人很多，每家都住满了客人，唯有一家开金银店的西梅尔家例外，不过他从来不接纳客人。"

"他肯定会接纳我的。"费尔南多很自信地说。之后，他就去了西梅尔家。等敲开门后，他神秘兮兮地把西梅尔拉到一旁，从大衣兜里取了一个砖头大小的沉甸甸的小包，小声地说："请问您一下，砖头大小的黄金值多少钱？"

金银店老板眼睛一亮，可是这时已到了安息日，不能继续谈生意了。按照犹太教规，每周五日落至周六日落这 24 小时为安息日，这期间不得从事任何工作。另外，孤身在外的旅客，在这期间有权在路经的犹太人家里获得食宿方面的照顾，因为这一天，即使旅人也不应出门。

为了能做成这笔生意，西梅尔连忙挽留费尔南多在自家住宿，以便等到明天日落后再谈。终于等到了周六晚上，西梅尔满面笑容地催促费尔南多，让他赶快把金子拿出来看看。

费尔南多惊讶地说："我哪有金子呀？"西梅尔诧异地问："你昨天来的时候，不是拿着砖头大的一块金子吗？"

费尔南多平静地说："你误会了，我只是想问一下，砖头大小的黄金值多少钱而已。"

费尔南多没有说谎，也没有行骗，可是，金银店老板西梅尔却被骗了。欺骗他的不是别人，是他自己。

他认定费尔南多有一块金子，他认定自己可以从这块金子上赚一笔钱，于是，一场戏就开始上演。

一个吝啬的人，一定爱财如命，一个没有爱心的人，一定贪婪。所以，费尔南多只用一块砖，就让聪明绝顶的西梅尔钻进圈套。

真正的朋友

晚年的毕加索非常孤独，尽管他的身边不乏亲朋好友，但那些人几乎都是冲着他的画而来的。

有一天，毕加索请来了一个安装工，让他把自己的门窗进行加固。就这样，年轻人盖内克走进了毕加索的生活。

这个安装工的到来，给画坛巨匠带来了无尽的快乐。盖内克憨厚、坦率，每天休息的时候，就走过来陪毕加索聊天。他觉得老人慈祥温和，就像是自己的祖父。

而在画家的眼里，盖内克却是智慧的化身。毕加索常常将眼睛瞪得大大的看着盖内克，就像在看一尊雕塑，有一种令他眩晕的美。毕加索情不自禁地拿起画笔，顺手为盖内克画了一幅肖像。画好后，他把画递给盖内克说："朋友，我为你画了一幅画，把它收藏好，也许将来你会用得着。"

盖内克接过画，并没有表现出惊喜，只是看了看。他一点儿也看不懂，就又把它递给了毕加索，说道："这画我不想要，你要送，就将你家厨房里那把大扳手送给我吧，我觉得那扳手对我来说更重要。"

在盖内克面前，毕加索彻底放下了包袱，丢掉了那层包裹着自己的面纱。他像个孩子一 样与盖内克天南海北地交谈，高兴之时，还手舞足蹈。为了能与盖内克有更多的交谈机会，毕加索将工期一再推迟。

其间，毕加索又陆陆续续地送给盖内克许多画，包括他自已视为珍宝的名画。他对盖内克说："虽然你不懂画，但你是最应该得到这些画的人。拿去吧，我的朋友，希望有一天它们能改变你的生活。"

然而，分别的日子终于到了，盖内克离开了毕加索，又四处干活去了。

1973 年 4 月 8 日，93 岁的毕加索去世，他的画作价格也因此而扶摇直上。

得知毕加索逝世的消息后，盖内克悲痛万分。他忽然想起毕加索曾经赠送给他的那些画，于是，他急匆匆地赶回了家。他爬上小阁楼，翻出一个旧皮箱，把里面的画拿出来，一张一张地清点，发现一共有 271 张之多。

盖内克惊呆了。他知道，只要拿出这里面的任意一张画，就可以彻底改变他的生活。看着这一张张画，毕加索的音容笑貌仿佛又在眼前浮现。

盖内克将这些画重新装进皮箱放回阁楼，没有对任何人说起这些画，包括自己的家人。他拿起工具，像平常一样外出干活。

2010 年 12 月，一个石破天惊的新闻震惊法国：年逾古稀的安装工盖内克将毕加索赠送给他的 271 幅作品，全部捐给了法国文物部门，总价值达 1 亿多欧元。

盖内克说："毕加索曾对我说过，你才是我真正的朋友。是朋友的东西，我就不能占有，只能保管。现在，我把这些画捐出来，就是为了让它们得到更好的保管。"

老人盖内克的目光中闪烁着一种令人动容的淡定与平和，这种淡定与平和，给人一种无畏和力量，它能抵御尘世间的一切风浪和险阻，活出一个真实的人生。

拥有彼此的友谊就是最为珍贵的财富。如果借友谊之名，谋求财富之实，那便是对友情的亵渎和玷污。

画家为什么把自己的珍品倾囊相赠于盖内克？因为这个世界上只有他值得拥有。把毕加索的所有作品加起来，也许都抵不上盖内克高贵的品行。

思考

寻根溯源的追问

HARVARD FAMILY INSTRUCTION

虚假安全

第二次世界大战结束后，英国皇家空军针对三个方面进行了一项统计：在战争中失事的战斗机，在战争中牺牲的飞行员，飞机失事的原因和地点。

统计结果令人震惊——有相当多的飞行员并非死于敌人的炮火，也不是因为狂风暴雨的袭击，而是因为个人的操作失误。

更令人费解的是，这些事故发生的时段，不是在激烈的交火中，也不是在紧急撤退时，而是在完成任务归来着陆前的几分钟。

心理学家对这个结果丝毫不惊讶，他们说这是典型的心理现象。在高度紧张过后，一旦外界刺激消失，人类心理会产生“几乎不可抑制的放松倾向”。有些飞行员，在敌人的枪林弹雨里精神高度集中，虽然外界环境恶劣，但由于大脑始终处于极度兴奋和警戒之中，反而不容易出现纰漏。

在返航途中，飞行员精神越来越放松，当他终于看到熟悉的基地，自己的飞机离跑道越来越近时，他顿时有了安全感。然而，恰恰是这一瞬间的放松，酿成大祸。因此人们管这种状态叫“虚假安全”。

在人生的路上，也有很多“虚假安全”。当你通过重重困难，成功近在咫尺的时候，千万别因放松警惕。

记住，没有取得的成功，就不是你的成功。

人们经常能看见远处的美景，却看不见脚下的沼泽；人们总会在黑暗中谨小慎微，却会在光天化日之下马失前蹄。

没有真正的成功，只有真正的失败。

洗澡水的旋涡和蚯蚓

有一句著名的格言："真理诞生于100个问号之后。"这句格言本身，就是一条真理。在科学史上，有很多事例证明了这句格言。它说明科学并不神秘，只要你见微知著，那么，当你解答了100个问号之后，必能发现真理。

洗澡，是一件非常普通的事情。洗完澡，把浴缸的塞子一拔，水哗哗地流走……然而，美国麻省理工学院机械工程系的系主任谢皮罗教授，却敏锐地注意到：每次放掉洗澡水时，下水口就会出现一个旋涡，而旋涡的方向总是向左旋转，也就是逆时针方向！

这是为什么呢？谢皮罗紧紧抓住这个问号不放。他设计了一个碟形容器，里面灌满水，每当拔掉碟底的塞子，碟里的水也总是形成逆时针旋转的旋涡。这证明放洗澡水时旋涡朝左，并非偶然，而是一种有规律的现象。

谢皮罗对这一现象进行了反复的实验和研究，1962年他发表了论文，认为这种旋涡与地球的自转有关，如果地球停止旋转就不会产生这种旋涡，由于地球不停地自西向东旋转，而美国处于北半球，便使洗澡水朝逆时针方向旋转，北半球的台风也是朝逆时针方向旋转，其道理与洗澡水的旋涡是一样的。他还断言，如果在南半球，洗澡水的旋涡将以顺时针方向旋转，在赤道，则不会形成旋涡。他的这种见解，引起各国科学家的极大兴趣，他们纷纷在各地进行实验，结果证明谢皮罗的结论完全正确。

无独有偶。60多年前，一位名叫密卡尔逊的生物学家，发现美国东海岸和欧洲西海岸同纬度的地区都有一种蚯蚓，而美国西海岸却没有这种蚯蚓。这是为什么呢？这个疑问，引起了当时正在研究大陆和海岸起源问题的德国地质学家魏格纳的注意。魏格纳认为，那小小的蚯蚓，活动能力有限，无法跨越大洋，这种分布情况，正好说明欧洲大陆和美洲大陆本来是连在一起的，后来裂开分成了两个洲。他把蚯蚓的地理分布作为例证之一写进了他的名著《大陆和海洋的起源》一书，从而形成了著名的“大陆漂移说”，开创了地球科学史上的一次革命。

最有趣的是一位奥地利医生，他看到儿子睡觉时，忽然眼珠子转动起来。他感到奇怪，连忙叫醒儿子，儿子说他刚才做了个梦。这位医生想，眼珠子转会不会与做梦有关？于是他以儿子、妻子、邻居为实验对象，进行了反复的观察实验，最后写出论文，指出当人的眼珠子转动时，表示睡者正在做梦。如今，人们研究梦的生理学，便用眼珠子转动的次数、转动的时间，测量人做梦的次数和梦的长短。

思考并不只是为了创造什么奇迹，但思考给人生带来了真正的乐趣。科学其实就是童年的延续，就是人生中一个被人们赋予了社会价值的游戏而已。

有什么比发现了世界的秘密更让人兴奋不已呢？

幼稚的真理

美国儿童心理学家马修斯在《哲学与幼童》中，讲了一段很有意味的故事：

6岁的伊恩和另外3个年长的兄弟姐妹一起看电视，因为另外3个孩子霸占了电视机，伊恩看不上自己喜欢的节目。他非常懊恼地问妈妈："为什么3个人的自私比一个人的自私好?"这话让母亲很难回答，伊恩不知道"少数服从多数"是一条社会公理。因为人们认为多数人的选择是正确的，这就是人类社会的数量法则。

如果一切事物都是由多数人来决定，也许伊恩就不会有那样的追问。问题的关键是，还有很多时候，却是少数人决定一切。比如，等到吃饭的时候，孩子们本来还想看电视，但是妈妈命令他们关掉电视机。这时候，他们虽然是大多数，仍然不得不服从。

这就是生活中的另一种声音：真理往往在少数人的手里。但有决定权的"少数人"，往往要么是有绝对权威的领导者，要么就是有绝对思想的哲学家。也许有一天，伊恩获得了某种权力，他可以命令那3个孩子必须看他喜欢的频道。这时，问题也许转变成3个孩子的问题："为什么有权力的人能随意满足自己的欲望?"

是的，一个人怎么与一群人抗衡呢？一个人与真理为伴，或许可以无所畏惧，但他要想实现他的真理，还需要有一个强大的支撑，这个支撑是什么呢？答案或许是令人沮丧的——权力或金钱。这些直露的思想，怎么能跟伊恩那样的孩子讲清楚呢？所以，伊恩的问题从大人的思想角度回答，是难有满意答案的。因为没有纯客观的标准来认定，它必须经过某个人来解释，于是，谁拥有解释权，谁就可以认定标准。

然而，又有谁来判定他的标准是否正确呢？

世界上没有绝对的自由，所有的自由都是有限制的自由。

你必须让自己成为一个有力量的人，当真理被践踏，你可以维护真理；你必须是一个有良知的人，当真理不利于自己的时候，你依然能够放弃主张，让真理取胜；你必须是一个明辨是非的人，当所有的人莫衷一是的时候，你知道站在哪一边。

真理常常只在儿童的思维中出现，又在儿童的思维中被消灭，这是人类的悲哀。

但真理不会消失，它是人类的希望。

爱因斯坦的反驳

在一所著名高等学府的课堂上，教授向学生提出一个挑战性的问题："世上的万事万物都是由上帝创造的吗?"

一位学生勇敢地回答说："是，都是他创造的!"

教授又问："上帝真的创造了一切吗?"

那位学生回答："是的！教授，当然一切都是他创造的。"

教授接着问："如果上帝真的创造万物，那么邪恶也是上帝创造的。既然邪恶存在，根据外在行为反映一个人内心的原理，我们可以假定上帝是邪恶的。"

那位学生沉默不语，没有回答教授这个假设性的陈述。那位教授非常自豪向学生夸口说，他又再一次证明基督教的信仰只是个神话。

另一位学生举手发言："教授，我可以冒昧请教您一个问题吗?"

"当然可以!"教授回答。

那位学生站起来说道："教授，寒冷存在吗?"

"这是什么问题？它当然存在。难道你从不觉得冷吗?"

其他学生纷纷窃笑那位年轻人的问题。

年轻人回答说："教授，事实上寒冷并不存在。依据物理定律，我们之所以会感觉冷，是因为缺少热能的缘故。每个人或物体对能量的获得或传送的情况，都可以测得出来，而热能就是这个使人体或物体获得或传递能量的东西。绝对零度（零下 273 摄氏度）时完全没有热能的存在。在这个温度时，所有物体分子都呈现静止状态，不会发生任何反应。所以实际上寒冷并不存在，我们创造这个词汇是为了描述没有热能的感觉。”

那位学生接着又问：“教授，黑暗存在吗？”

教授回答说：“它当然存在！”

那位学生说：“您又错了！教授，黑暗也不存在。黑暗其实是因为缺少光的缘故，我们可以研究光，但无法研究黑暗。我们可以用牛顿的三棱镜把白光分成许多颜色的光，并研究每种光的波长。不过我们却无法测量黑暗，因为只要一道光线就可以划破并照亮一个黑暗的世界，所以我们如何能知道一个空间有多黑暗？我们只能够测量光的强度，不是吗？黑暗是人类用来描述没有光线存在时的一个词汇。”

最后这位年轻人问教授：“教授，那邪恶存在吗？”

这次教授的回答不太确定了，他说：“当然！就像我之前所说的，我们每天都会看到邪恶。每天都有人以不人道的方式对待他人的例子。它存在于世界各地的许多罪行和暴力之中，这些不是邪恶是什么！”

那位学生回答道：“邪恶并不存在，教授，至少可以说邪恶本身并不存在。有邪恶只是因为心中没有上帝，就像黑暗与寒冷一样，邪恶是人类所创造的一个名词，用来描述心中没有上帝的情况。所以上帝并没有创造邪恶，它是人类心中缺乏上帝之爱的结果，就好比寒冷源自没有热能，黑暗源自于没有光一样。”

教授坐了下来并问道：“年轻人，你到底是谁？”

“教授，我的名字叫作艾尔伯特·爱因斯坦。”

如果我们心里没有光，我们就看见黑暗，所以，我们的心中要始终充满阳光；如果我们心中没有温暖，我们就感觉寒冷，所以，我们要始终有一颗温暖的心；如果我们心中没有爱，我们就会被邪恶侵袭，所以，我们要爱人，要爱世间的一切，包括我们自己。

思考

一位学生问哲学家捷诺："老师，您的知识比我们丰富许多，可是，为什么您总对自己的思考还有那么多的疑问呢?"

捷诺用手在桌上画了大小两个圆圈，说："这两个圆圈内的部分代表已知的知识，大圆圈的面积是我的知识，小圆圈的面积是你们的知识。看起来，我的知识比你们的多，但是，我的周长大于你们的周长，因而我接触的无知范围比你们的多。这就是我为什么常常怀疑自己的原因。"

英国物理学家卢瑟福是一个很热爱工作的人，他做事情专注，但是也很讲究方法。有一天深夜他走进实验室，忽然看见他的一个学生居然还在工作。于是，卢瑟福就问学生："这么晚了，你还在干什么?"

"我还在工作呢，老师。"

"那你白天做什么呢?"

"白天也在工作。"

"那你早晨也工作吗?"

"是的，我早晨也在工作。"学生骄傲地回答道，他想自己一定会得到老师的表扬，但是没想到卢瑟福居然问道："那么，你这样一来，用什么时间来思考呢?"

学生哑然，羞愧无比。

一天，古希腊大哲学家苏格拉底和他的学生到郊外散步。来到一个湖边时，苏格拉底忽然心血来潮，问身边的学生们:

“你们谁能说出这湖里共有多少桶水?”

学生们面面相觑。有人说，这湖实在太大了，根本无法用桶来度量，所以，湖水有无数桶；有人说，我们可以利用数学知识计算出湖的体积，然后除以桶的体积，就可以算出一共有多少桶水了……

然而，面对学生们的回答，苏格拉底只是微笑着摇头。

末了，苏格拉底来到一直站在一旁沉默不语的柏拉图面前，问：“你能回答这个问题吗?”

“这个问题我觉得可以这样思考，”柏拉图说道，“要看桶是什么样的桶，如果和湖一样大，那湖里就只有一桶水；如果桶只有湖的 1/2 大，那湖里就有两桶水；如果桶只有湖的 1/3 大，那湖里就有三桶水；如果……”

“行了，你的答案完全正确。”苏格拉底满意地说。

思考是精神的花朵，是行动的船舵，是智慧的钥匙。

思考不能直接创造生活，但可以改变创造生活的方式。

喜马拉雅山的猴子

从前，在喜马拉雅山脚下的一个小村落，来了一位神秘的老人。他向全体村民宣布，他会一种可以点石成金的法术，不过，天下没有白吃的午餐，想学习这套法术的人，必须先把家中最值钱的东西拿出来交学费。

村里的人实在穷怕了，想发财想得发疯。大家商讨一下：既然可以学会点石成金术，那么，先牺牲点儿学费有什么关系呢？当然，他们的逻辑头脑不是足够聪明，不会如是想：如果老人真能点石成金，还收学费做什么？

于是大家虔诚地交了学费，集合起来听老人教授这神奇的法术。只听老人叽里咕噜念了一大串咒语，然后就把盖在木桶下的石块变成了闪亮的金子。

“快教我们吧!”每个人的喉咙深处都发出饥渴的声音。

老人不厌其烦地将咒语教给了村人，当村里最笨的人也能背诵咒语之后，他很满意地告诉他们：“你们等明天日出的时候就可以开始用点金术了：我保证，各位都可以把没用的石块变成黄灿灿的黄金。不过，你们可要记住——念咒语的时候，你们的脑子里千万不要想起喜马拉雅山的猴子。”

“绝对不会!”村人异口同声地回答。

黄金跟喜马拉雅山的猴子有什么关系呢?老人真是无聊，他们哪会想起喜马拉雅山的猴子?

可是……可是……

1000年过去了，有人说，如果你现在到这个村庄，你还会看到不少人把石头盖在木桶下喃喃自语，“努力”地不要想起喜马拉雅山的猴子。

他们始终没有“念”出黄金来，但从来也没有人责怪老人，因为每个人都承认，他们越想告诉自己不要想“喜马拉雅山的猴子”，就越是想起那些事不关己的猴子。

我们的头脑中，也常常有这些幻想的猴子。小心，别在你的脑袋里养一个喜马拉雅山的猴子！

贪心让人们渴望得到很多，
愚蠢最终让他们失去很多。

这个故事告诉了我们什么呢？

第一，世界上没有点石成金术，石头不会平白无故地变成金子。

第二，人生是残酷的，你最想要的往往求之不得，你最不想要的，却总是挥之不去。

第三，创造幸福生活要靠自己，不能靠别人；要靠脚踏实地，不要靠虚无的幻想。

数学家巧破凶杀案

当年，法国数学家格洛阿因思想激进而坐牢，获释后他找好友鲁柏借宿。可是女看门人告诉他，鲁柏两周前已被人刺死。

悲痛、失望之余，格洛阿向女看门人了解现场情况，有无什么线索。女看门人说，警察勘查现场时，只见鲁柏手里捏着没有吃完的半块苹果馅饼。

女看门人声称，凶手可能就住在公寓内，因为案发前后她在值班室，未见外人进出。只是这栋 4 层楼的公寓，每层有 15 个房间，住了 100 多人，情况比较复杂，警方至今尚未破案。

格洛阿沉思片刻后，叫女看门人带他去 3 楼。

在 314 号房前，格洛阿问:“这房谁住?”

女看门人回答:“米塞尔。”

“此人品行如何?”

“他是个赌徒加酒鬼，两天前搬走了。”

“毫无疑问，米塞尔就是杀人凶手!”格洛阿肯定地说。

女看门人大惑不解，便问：“有何根据?”数学家格洛阿分析说:“鲁柏手中的馅饼就是一条线索。原来，馅饼英语叫‘pie’，与希腊字母 π 同音，即圆周率，人们在进行计算时一般取 π 的近似值为 3.14。鲁柏是一位喜欢数学善于思考的人，被害时他想到利用馅饼来暗示凶手所住的房间。”

警方抓获了米塞尔。经审讯，米塞尔承认，因赌博输钱，见鲁柏家汇来巨款，遂起杀人劫财的念头。

一只鸟飞过，天空也会有痕迹，何况是人? 一个眼神，会有人看见，一个手势，会让人捕捉，一个念头，也能被感知。离地三尺有神灵，不可不信!

人生各异，缘于一念之差。善念生，则施惠众人；恶念生，则祸及自身。

幽默故事的严肃解读

女病人说：“医生，你叫我把舌头伸出来，怎么你又不看呢?”医生边开药方边回答：“我不是要看你的舌头，我叫你把舌头伸出来，只是要你在我开药方时安静些。”

——希言自然，多言必失。在任何情况下，过度发挥舌头的功能，都会让人不安。少说话，多思考，永远不错。

一人向医生诉说左脚痛得厉害。医生说：“这大概跟年纪大有关系。”那人立即反驳说：“不可能，我的右脚与左脚是同岁的，为什么右脚不痛?”

——反驳与争论常常起源于理解力不同步，不同步自然不共振。

某人准备乔迁新居，很担心搬家公司将心爱的古董大钟碰坏了，于是亲自搬动。当他吃力地搬着钟走过一个个街区时，引来了许多人的注目。一个小孩子一直跟在后面。最后，小孩子实在忍不住上前问：“叔叔，你为什么不买只手表呢?”

——无论多么大的钟，无论它多么古老，其实，它最基本的价值就是“时间”。大人们总是对生活画蛇添足，只有孩子能够直指事物的本质。

有一个人外出办事，到了目的地发现没有停车场，只好将车停在马路上。他在雨刷下特意留了张纸条：“我来此办事，一小会儿就走。”回来时发现雨刷下多了张罚单，罚单下多了张纸条，上写：“我也是!”

——许多解释在现实中显得荒诞可笑且苍白无力。人各有各的立场，各有各的观点，各有各的目的，解释并不能消除彼此的不同。

动物管理员对游客说：“不必害怕，这头狮子非常驯服，它是用牛奶喂大的。”游客说：“我也是用奶瓶喂大的，但是我现在仍喜欢吃肉。”

——理由如果不是充分必要的，就不会让人信服。信誓旦旦的保证，无法约束动物的本性。

生活中的每一件事都能给我们以启示。有的人看见了，有的人视若无睹；看见了，而且进行了思考，有的人看见了，却无动于衷。生活给每个人的一样多，而收获却不同。

成熟不是说我们经历了多少，而是看我们思考了多少。

你为什么活着

有时候路易斯会出其不意地问爸爸一个问题，譬如他曾提出过这样一个问题："爸爸，你究竟为什么活着？"

爸爸煞费苦心地搜寻着恰当的回答，后来他决定提出反问："那么你认为呢，我为什么活着？"

路易斯皱起他那 5 岁的额头，迅速闭上眼睛，苦苦地思索了一会儿，然后慢吞吞地说："为了早晨送我去幼儿园……为了晚上给我朗读故事……为了给我放洗澡水……为了和我一起做游戏……"

一种多么美妙、多么富有诗意的答案呀！爸爸在心中暗暗感叹：假如我没有小路易斯，假如我不送他去幼儿园，假如晚上我没有时间给他朗读故事，不给他放洗澡水，不和他一起游戏，我的生活还会有什么意义？

"那么你为什么活着呢？"爸爸反问路易斯他。

"为了玩。"路易斯说。

"嗯，那就让我们玩吧。"爸爸说。于是他们就玩，或者在前厅玩"爸爸是一匹马"，或者踢足球，或者只玩游戏棒……

儿童总是能提出最重大的问题，完全是随随便便提的。哪个成年人会向另一个成年人提出一个像"你究竟为什么活着"这样的问题？严格地讲，这是个最根本的问题。

对这些重大的问题，我们往往不知道如何回答。很多人都没想过自己为什么活着，一早起来，连早餐是喝咖啡还是喝茶都常常拿不定主意。

虽然不知道如何回答，但随后却发生了某些事情，比如玩。谁知道，假如路易斯没有向爸爸提出这个问题，他们还会不会在一起玩？是这个问题使一些事情得以运转起来。问题是生活的发动机，一个问题被人们提出来并且开始寻找一个答案，仅仅是这个事情就会激发人的幻想。也许“我们在一起玩”这个事实甚至就是这个问题的正确答案。

也许，我们活着就是为了玩。

当我们开始探究人生的时候，才会发现，原来的很多“是非”，其实是“非是”。

当一个人知道了自己究竟为什么活着的时候，他的生命就有了意义，他的行动就有了方向。

不要只是活着，要有目的地活着。

忧伤的女人像

19世纪的意大利有位艺术家叫莫迪利亚尼，他手下的女人基本上都有一个很长的鼻子，鼻子下面是一张小小的嘴巴，看上去有一点儿娇嗔柔弱，又有一点儿忧伤。他的艺术生涯有点儿像凡·高，生前很潦倒。但他没有像凡·高那样一生气就把耳朵割下来，而是一生气，把自己最后几件雕塑作品扔进了故乡的河道里。像凡·高一样，在莫迪利亚尼去世以后，他的画作和为数不多的雕塑被供上了世界的艺术神殿。

1984年夏天，有一尊石雕像在莫迪利亚尼家乡的小河道被打捞起来。这是一个女人的石雕像，线条很简单，小小的眼睛，长长的鼻子，鼻子下面是一张小小的嘴巴。艺术鉴赏家和罗马大学艺术系的权威教授们激动万分。除了大师莫迪利亚尼，这个世界上还有谁能用这么简单的线条，表现出如此打动人心的娇柔和如此深沉的忧伤呢？电台、电视台、一切新闻媒体对这个忧伤的女人像进行了连篇累牍的报道。石像在大师故乡的博物馆盛大展出。人们从世界各地远道而来，围绕在这个忧伤的女人面前，如痴如醉。

这时候，有3个艺术系的大学生沉不住气了。他们抱歉而胆怯地向博物馆负责人宣布：对不起，这个石像是一个恶作剧，是我们用了一个晚上雕刻出来扔进河里的。

人们哈哈大笑，认为这是一个有想象力的玩笑。可是，3个学生说，真正开玩笑的，不是他们，是那些专家权威，是他们在跟大师和公众开玩笑。这个玩笑不应该继续下去了。

所有的专家权威表现出了一致的愤慨。这是什么意思？3个乳臭味干的大学生，竟然妄想用这种方式制造炒作自己？这种最深沉的忧伤，这种貌似简单但如此细腻优美的线条，除了大师以外，这个世界上还有谁能模仿出来？

3个大学生更加惶恐了。他们说，我们实在不想做新闻人物，我们没想到会闹到这一步，但这个女人像千真万确是我们做出来的，我们想用这种方式纪念大师诞生100周年。现在，出于对艺术和对大师的尊敬，我们必须说出真相。

于是，事情就变得非常尴尬。一方面，造假的人非要承认自己是造了假；另一方面，专家学者坚决否认这是造假之作。

最后，在世界几大电视台的摄像机前，在公证人的注视之下，这3个学生在一块类似的石头上再次雕刻出这个忧伤的女人。造假者以雄辩的事实证明了他们的造假。

接下来，出现了多米诺效应。博物馆馆长辞职，罗马大学教授提前退休，权威艺术鉴赏家从此金盆洗手。而那3个恶作剧大学生，都没有能够在艺术的道路上继续走下去。随便刻几下就差点成了大师，再往下还会发生什么事情呢？

而那些艺术品收藏家在夜深人静面对自己心爱的藏品时，后背的什么地方开始产生一种凉飕飕的感觉……

不要迷信他人，用自己的眼睛观察社会，用自己的手掌抚摸生活，用自己的心灵感知世界。

有些时候，黑白颠倒，是非移位，并非人的无知，并不是他们辨不明黑白，而是有人需要这样。

问题所在

传教士赫伯·杰克逊初到某地，当地有人给他配了一辆旧车。这辆车子有点毛病，一旦停车后就很难再次发动起来。

杰克逊先生绞尽脑汁，终于想出一个妙招。头一次开这辆车时，他到家附近的一所学校求救。在获得校长的首肯后，他领了一大帮学生帮他推车启动。

需要停车时，他就把它停在斜坡上，以便容易重新发动。整整两年时间，杰克逊先生用这套土办法来开动车子。

后来由于健康原因，赫伯·杰克逊要离开此地，他把那辆旧车转交给新来的传教士。

杰克逊先生自豪地向后者解释启动车子的独家办法。新来的牧师边听他说边打开车盖，仔细察看起来。他用力拧了拧一根发动机连线，随后坐到驾驶座上。

让杰克逊感到十分惊讶的是，随着发动机的一声轰鸣，汽车竟然在平地缓缓开动起来了。

“其实不必大动干戈，只是一根连线松了，稍微紧紧就好了。主要是你没找到问题所在。”新来的牧师解释说。

人有时候也会像这辆汽车，因为一根思维的线松动了，就由一个聪明人变成傻瓜。正所谓，“一叶障目，不见泰山”。

并不是我们无法解决问题，是因为我们根本没想到去寻找问题的根源。

不抓老鼠的猫鼬

夏威夷是世界上最热门的观光胜地，但鼠患成灾，给人们造成很大的麻烦，最糟的是它们严重破坏了夏威夷的制糖工业。这些老鼠都是跟着各种货物偷渡进来的。因为没有天敌，老鼠数量有增无减。

贾斯麻博士所领导的小组可能是夏威夷的救星。他向政府当局说："我们过去采取的灭鼠方法，花钱多，效果差，现在应该换个方式，对自然的问题，应该用自然的方法。"

"什么方法呢，博士？"有人问。

"问对了问题就会找到答案。我们先来问为什么老鼠在夏威夷会繁殖得这么快？"

"这个我们都知道，因为没有天敌。然后呢？"

"没有天敌，我们就给它找个天敌。老鼠的天敌是什么？"

"猫！"

"对，不管黑猫白猫，能抓老鼠的就是好猫。但一般的猫，是我们要的好猫吗？"

"怎么说？猫还有区别吗？"

"造成我们痛苦的老鼠，是在一般人家里吗？"

"不，是在甘蔗田里的老鼠。"

"这就对了，现在的猫都靠人养，只吃罐头，都懒得抓老鼠，真叫它抓，搞不好还抓不了。连家里的老鼠都对付不了，怎么可能叫它去对付在田里的那些狡猾的鼠辈呢？"

“那怎么办？”

“所以我们要找到比猫更强的天敌。这个天敌要符合下面的条件：一要有快速适应新环境的能力；二要有凶猛的侵略性；三要有高度的繁殖力。最重要的，它要喜欢吃老鼠。”

“去哪里找这种动物？”

“各位，我已经找到了，”说着，贾斯麻拍拍手，助理提着一个大笼子走进来，“就是它！”

“这是什么东西啊？”

“它叫猫鼬，精确说法是印第安猫鼬。它够凶，够猛，适应力强，繁殖力快。眼镜蛇都不是它的对手，杀老鼠就太简单了。”

贾斯麻示意助理把3只老鼠放进笼子，只见猫鼬三下两下就把老鼠干掉了。

大家都拍手叫好，就这么决定了。

于是，大批的猫鼬被送到夏威夷各岛放生，大家都想，老鼠这下死定了。

结果呢？老鼠不但没死，猫鼬却变成了大问题。

怎么回事？原来老鼠是夜行动物，晚上出来搞破坏；而猫鼬却是日行动物，白天出来打猎，晚上呼呼大睡。它们虽是天敌，但就是碰不到一块儿。

猫鼬在夏威夷，不仅没有帮忙抓老鼠，当地的野生鸡种、野生鸟类被它大肆劫掠，许多动物面临绝种的危机。

问对了问题，并不代表得到了正确的答案，如果答案和问题不在同一条直线上，这个答案就不是这个问题的答案，虽然看起来它毫无疑问。

电脑的判断

我们对科技的崇拜和迷信，会对科技产生的一切后果深信不疑，因而，人会越来越不相信自己，最终沦为各种机器和程序的奴隶。

在机器的眼里，一只永远不动的手表，比一只仅仅差错一秒的手表更为优越。

这不是和我们的一种人生哲学不谋而合吗？什么都别干的人反而可能得到颂扬，因为，他没有出错。

科技让我们越来越方便，方便到可以什么都不用思考。不知道这是科技的慈悲还是阴谋。

一天吃晚饭时，乔伊告诉她的母亲：“电脑就像我的朋友一样。我问它问题，它就像人一样来回答我。它非常有风度，从不会和我争论，并且，它从不撒谎。”

母亲说道：“听起来就像一个完美的同事，或者丈夫，对吗?”说完，母女俩都笑了。“但它会独立思考吗?”母亲又问。

“恐怕不能。”乔伊答道，“但是一旦你给电脑相关的编程，它就可能会做一些不可思议的事情。”

“哇，真是太神奇了。我很想知道，你是否可以给电脑编一种程序，让它给我一些建议。”母亲说道。

乔伊答道：“我试试看。你想让电脑给你什么建议?”

母亲答道：“你知道我有两只手表，对吧?”

“你想让电脑给你的手表建议什么吗?”乔伊疑惑地问。

母亲答道：“说对了。有一只表每小时快一秒钟，另一只表已经不走了。请你问问它，我应该留下哪只表。”

乔伊大笑起来，答道：“我还没问过电脑这么奇怪的问题，但我会试试看。我会问唐纳德，它是最好的电脑。”

第二天晚上回家时，乔伊对母亲说：“唐纳德建议，你留下那只已经不走的手表。”

“不走的那只？为什么?”母亲非常奇怪。

“因为它指出，那只表每 12 个小时准点一次，而另一只得要 5 年才能准点一次。”

箴言

引启真知的隽语

HARVARD FAMILY INSTRUCTION

问心无愧

半个世纪前，在纽约贫民区一所公立学校，奥尼尔夫人所教的三年级学生举行算术考试。阅卷时，她发现有 12 个男孩子某一题的答案错得完全一样。

奥尼尔夫人让这 12 个学生在放学后留下来。她不提任何问题，也不做任何责罚，只在黑板上写下这样一句话：

"在真相肯定永无人知的情况下，一个人的所作所为，最能显示他的品格。——汤姆斯·麦考莱"

她让孩子们把这句话抄写下来。

多年后，其中的一个孩子回忆说："我不知其他 11 个人有何感想，我只知道自己，可以说，这是我一生中最重要的一次教训。这件事已经过去很多年了，但麦考莱的名言我依然铭记在心。我至今仍然认为，那是我所见到最好的人生准则之一。不是因为它可以衡量别人，而是因为我们可以用它来衡量自己。"

人生需要做很多决定，很多决定都是外人无法知晓的。正因为这样，这些决定足以检验我们的品性，这与别人的评价无关，与我们的地位和名声也无关，只有上帝和我们的良知能够看见。

从守财奴到慈善家

20 世纪 90 年代，卡洛斯·斯利姆·赫鲁垄断了全墨西哥的电信市场。他制定高于所有发达国家的电信收费标准，将大把大把的钞票敛入囊中。然而赫鲁却是臭名昭著的“铁公鸡”，日进斗金但从未捐过半分钱。对此，人们议论纷纷。

作为一名经济独裁者，赫鲁的偶像是史上最著名的军事家和政治家——亚历山大大帝。众所周知，公元前 3 世纪，亚历山大大帝所向披靡，百战不殆，创建了横跨亚、欧、非大陆的马其顿帝国，其赫赫战功，至今无人能及。

赫鲁对这位古希腊最负盛名的统治者，可谓是心驰神往，崇拜之至。他仔细研读亚历山大大帝的战术，并加以灵活运用，这让他在商场上如虎添翼。很快，从制造业到房地产业，再到零售业、电信业……赫鲁敛财的触角渐渐延伸到社会经济的各个领域。

然而，2000 年的夏天，赫鲁因心脏病突发住进了医院。病房里，他再次拿出亚历山大大帝的传记，当翻到最后一章时，他的脑子里突然跳出两个疑问：亚历山大大帝在即将出征迦太基和西地中海地区前夕，为什么突然死去？他在一次痛饮后莫名病倒，10 多天即死去。这似乎令人费解。那么，临死前，他为何立下了一个那么奇怪的遗嘱？他要求人们把棺材两侧各打一个洞，把他的双手伸到外面，然后，让仪仗队抬着他在闹市区游走。

对于亚历山大大帝的死因，人们总结出 7 种可能：疟疾、伤寒、脑炎、酗酒、其师亚里士多德毒杀……而对于那个怪异的遗嘱，当时，军士们都百思不得其解。这两个谜团也困扰着后世无数的史学家。

然而此时，赫鲁却若有所悟。康复后，他将“赫鲁王国”的日常工作交给儿子和女婿们打理，自己则隐退下来，投入慈善事业中去。他耗费巨资改造墨西哥城，建立多家慈善机构，资助贫困儿童和大学生……据统计，赫鲁用于慈善的资金约占其总财产的 20%！

2010 年 3 月，美国《福布斯》杂志公布了最新一期世界富豪榜。赫鲁以 535 亿美元名列榜首，首次打破了美国人长达 16 年的垄断。消息一出，全世界的目光都聚焦到了他的身上，但赫鲁却对“世界首富”的头衔没有表现出丝毫兴趣。无数记者前来采访时，他戴着一块电子手表，开着一辆破旧的奔驰，住在墨西哥乡下的平房里。

“从一毛不拔的守财奴到乐善好施的慈善家，是什么促使你有了如此之大的转变？”赫鲁略带腼腆地回答道：“亚历山大大帝的死亡之谜已无从考证，然而毋庸置疑的是，他之所以立下那样的遗嘱，无非是想让世人明白这么一个道理：即使你生前拥有了全世界，但死时却仍然两手空空。”

生与死是人生的两端，来时，什么都没有，去时，也什么都没有。那么，在人世间的那段时间，我们为什么要横征暴敛，巧取豪夺？

一个生命来到世间的真正意义到底是什么？让这个生命享受人世的快乐，让这个生命完成一个高尚的使命，让这个生命在人世的美好和污浊中涅槃升华！

忘我

1906年的一个上午，美国密苏里州华伦斯堡州立师范学院，一个连续参加12次演讲比赛失利的小伙子，准备参加第13次比赛。

赛前，他请教一名老教授。因为他总是担心自己的仪表不够得体，而且还对发音之类的细节缺乏自信。他觉得这些可能就是他过去一直失败的原因。

教授告诉他："猫在追逐老鼠的时候，它不会在意自己的尾巴和耳朵是否漂亮，也不会在乎发出的声音是否动听，它全部的精力都放在一个地方，都集中在老鼠身上。此时此刻，它的目的只有一个，抓住老鼠，而不是取悦他人。不要关注自己，忘掉'我'，你就会变得自然洒脱。"

听了教授的话，小伙子沉思了很久，终于明白了道理。

再次走上演讲台，小伙子全身心地投入到所演讲的题目中。当台下报以雷鸣般的掌声时，他才意识到演讲结束了。他以《童年的记忆》为题做的演讲，获得了此次比赛最高奖。

这位名叫戴尔·卡耐基的学生，从此崭露头角，后来成了美国著名的企业家、教育家和演说家，取得了举世瞩目的成就。

蜡烛从来不关注自己的容貌，它关注是否将别人照亮。

不要太在意自己，不要太在意别人，只要在意所做的事情。

生命的两层含义

你不会有那美丽的相逢，除非之前，你能忍受等待的孤独。

你不会有那明朗的清晨，除非之前，你的睡梦忍受过无底的黑夜。

你也不会轻易得到，除非之前，你已经有很多奉献。

一切拥有，都不是理所当然。

一切欣喜，都有铺垫和前奏。

你的现在，就是你的未来。

你的行动，就是你的命运。

有多少次此刻的开始，就可能有多少次彼时的收获。

有多少次此刻的沉醉，就有多少次彼时的沉痛。

所以，应理解一个人的沉默；沉默，就是最多的话语。

所以，应谅解一个人的忧伤，之所以忧伤，一定是因为他不肯舍弃某些快乐。

生命确实有两层含义——

一个浪打上礁石，海鸟惊逃，以为是一次谋杀。

一个浪扑上海滩，孩子欢喜，以为是大海开出了鲜花。

同样的事物，有不同的感受。

所以世界是什么样子并不重要，重要的是你的心灵，

世界是什么样子，往往取决于你的心灵是什么样子。

莫要过分误解这个世界，请先看清自己。

握一杯温暖的咖啡，在寒冷的冬季里。

开放满脸的微笑，在人生低落的时候。

有寒冷，温暖才珍贵。有烦恼，微笑才亲切。爱的方式有许多种，爱的动机却只有一种——就是爱。

当你喜欢一朵花，不是摘下来，

朋友，请不要采那些花朵，除非你能保证，一起搬走整个田野。

爱，不是拥有，是珍惜。

一个人在快乐地工作，一个人在快乐地看着他，这就是快乐的天堂。

生活就像是一块面包，有的人狼吞虎咽地吃下去，有的人却会细细咀嚼。如果你愿意用心品味，本来平淡无奇的生活，就会变得丰富多彩。

乞丐的原则

在流浪汉聚集的地下通道里，马里奥经常遇到一个乞丐，那是一个20来岁的年轻人，衣衫破旧，抱着一把褪了色的旧吉他，唱着悲伤的歌曲。

可以自食其力的人，却在这里乞求别人的施舍，他们为什么不觉得脸红！这就是马里奥的想法。

马里奥每次见到这些人，就会赶忙走开，他可不想为这样的人付出什么，而且他也没有心情停住脚步。

“先生，请等一等。”有一次，当他走上台阶的时候，一个声音叫住了他，他知道是那个乞讨的人。

“对不起，我没有钱给你。我现在很忙，请不要打搅我。”

“可是，也许这是您的吧。”当马里奥看到他手里钱包的时候，才发现，原来真是自己丢了东西。

刹那间，马里奥感到十分羞愧，是自己误会了：他并不是要向他乞讨什么，而是归还他丢失的钱包。

马里奥接过钱包，为了表示谢意，从里面拿了一张10美元的纸币。“谢谢你，请接受我的一份心意!”他真诚地说。

“不，先生，我是需要钱，但是我们有自己的原则。”这句话让马里奥非常震惊，他突然感到，正在乞讨的不是那个人，而是他自己。

“希望您今天开心，下次可要注意。再见了，先生。”那个年轻的乞丐说完，又回到原先的地方，继续弹那把旧吉他。

乞丐向你讨要一块钱，那是他的职业；把丢失的钱包还给你，那是他的操守。

人生是为了歌唱

在芝加哥，有一位特别的公共汽车司机。他边开车边唱歌，没错……唱歌！他不是轻声地哼给自己听，他唱歌的时候，整个公共汽车上的人都能听得见！他一整天都边开车边唱歌。

他曾经接受芝加哥电视台的采访。他说其实自己并不是公共汽车司机，“我是个职业歌手，我开车只是为了每天都能拥有无法走开的听众”。

看看吧，人们排队坐他的公共汽车。为了能搭乘“会唱歌的公车汽车司机”开的车，他们甚至有意错过别的公共汽车。他们乐此不疲!

这是一个知道自己为何而生的男人。对他来说，生在世上就是为了让别人快乐。他越歌唱，就能让越多的人感到快乐!他找到了一种将自己的生活目的和职业结合起来的途径。率性而为，于是他过着心目中该过的生活。

他开始有这个想法时，很多人都反对他。开着公交车唱歌，多么可笑！但是，他喜欢唱歌，喜欢有听众欣赏他的歌声。

他毅然决然地开始自己的计划，全然不管别人怎么说。他的生活信条就是：率性而为，说干就干！结果，他感到很满意，而坐他车的那些乘客更加高兴。

并非人人都有明确的人生目标，可是，一旦确定，并努力去追求它，你就会过上心目中属于自己的生活。而且，你会因此感到幸福。

世界上很少有这样的人：把自己的人生铺展在书桌上，然后，拿出画笔，自己重新着色，重新点染，使之变成一幅完全和常人不同的作品！

我们为什么就不能为生活做一点改变？或者遵从自己的意愿，随意来一曲新颖的剧目？

游向太阳的金鱼

在一个小水塘里，有一大一小两条金鱼。夜深了，天气开始变得寒冷起来。

“妈妈，我感到塘里的水快要结冰了，我们会冻死的。”小金鱼胆怯地说。

“孩子，只要我们游向太阳，就不会被冻死。”金鱼妈妈安慰着小金鱼。

“黑夜里怎么会有太阳呢？我们怎么可能游向太阳呢？”

“不，你要相信太阳，相信它，你就能看见。”

于是，水塘里的两条金鱼开始游动起来。

“妈妈，我不行了，我再也游不动了。”小金鱼泄气地说。

“孩子，千万别停下来，一停下来，水就会结冰，到那时，我们真的就要冻成冰块了。孩子，我们就要游到黑夜的尽头了，太阳正在黎明的窗口等我们呢！来，跟着妈妈一起游，坚持一会儿，再坚持一会儿……”

在金鱼妈妈的带动和影响下，它们终于游过了黑夜，迎来了黎明。这时，小金鱼发现，水塘四周到处都结冰了，所有的水都结冰了，唯独它们身边的水没有结冰。

“为什么会是这样呢，妈妈？”

“孩子，那是因为，即使在黑夜，我们也没有放弃心中的太阳。”金鱼妈妈说。

相信太阳，人生就不会暗淡，世界就不会寒冷；相信太阳，黑夜就不会长久，朝阳终会来临！

绝望的时候，不要等待，不要哀叹，要不顾一切地奋进，坚韧地战斗！

快乐的 5 美元

新年的第一天，爱德华早早地起了床。父亲给了他 5 美元，这些钱对于一个小孩子来说可是一笔不小的财富。

爱德华在书店曾看到过一些非常精美的书，他早就想买，可是一直没有钱，现在可以去实现这个愿望了。于是，他带着钱兴高采烈地向书店走去。

在街上，爱德华碰到了一家人，父亲、母亲，还有 3 个冻得发抖的孩子。显然他们不是本地人。

从他们憔悴的面孔就能看出来，他们生活很窘迫。

爱德华微笑着对他们说："圣诞快乐！"可是，那人说的话他却听不懂。

"你们是从哪儿来的？"爱德华又问。那人用手指指孩子，又用手比画着吃饭的样子。爱德华这次明白了他的意思，"他们已经几天没有吃饭了，他想为孩子要一些吃的东西"。

看他们那可怜的样子，爱德华立刻从自己衣兜里拿出了准备买书的 5 美元，他把钱双手递过去，然后对那个男人说："这些钱给 3 个孩子吧，希望他们能够和我一样快乐。"那个男人眼中充满了泪水，紧紧地拥抱了爱德华。

回到家，爱德华把早上的经历一五一十地告诉了父亲。他说："他们又冷又饿，太可怜了，我就把您给我的钱给了他们，他们比我更需要这些钱。我想，至少他们在新年的第一天会过的开心一些。"

"孩子，你做得对！"父亲鼓励地说，"爱心是一个善良的人最可贵的财富，上帝会关爱每一个善良的孩子。你知道吗？当你把钱给那些穷人的时候，上帝正在看着你。就在你给他们钱的同时，上帝给了你一件最宝贵的东西！"

"哦？他给了我什么？"爱德华问。

"他给了你一颗善良的心！"父亲回答道。

拿一个棒子，击打一个球，这真的有意思吗？我宁愿去追一只猫，或者站在走廊上"汪汪"叫几声。

如果我们拥有一颗善良的心，如果我们拥有一个温良的性格，如果我们拥有坚强的意志，如果我们拥有勤劳的美德……还有什么比这些更为长久珍贵？

苦难，是财富还是屈辱

著名的汽车经销商约翰·艾顿和后来成为英国首相的丘吉尔，曾经有过一次关于苦难和财富的谈话。

艾顿出生在一个偏远小镇，父母早逝，是姐姐辛苦地将他抚育成人。她帮人洗衣服、干家务，用辛苦赚来的钱供他读书。

姐姐结婚成家后，姐夫将艾顿撵到了舅舅家。舅妈更是一个刻薄吝啬的女人，在艾顿读书期间，她规定艾顿每天只能吃一餐，还得收拾马厩和剪草坪。

好不容易开始工作了，因为工资微薄，艾顿根本租不起房子，有将近1年多时间，他只能住在郊外一处废旧的仓库里。

丘吉尔惊讶地问："以前怎么从没有听你说过这些？"艾顿笑道："有什么好说的呢？正在受苦或正在摆脱苦难的人是没有权利诉苦的。"

这位曾经在生活中失意、痛苦了很久的汽车商说："如果你还在苦难之中，或者还没有完全摆脱苦难的纠缠，你能说什么呢？在别人听来，无论你说什么，都无异于在乞求怜悯……"

艾顿的一席话，使丘吉尔重新修订了他"热爱苦难"的信条。丘吉尔在自传中这样写道：苦难是什么？当你战胜了苦难时，它就是你的财富；当苦难战胜了你的时候，它就是你的屈辱。

没有人喜欢苦难，但是人生就是一场苦难。回避苦难，就等于放弃生活。迎接苦难，战胜它，将它变为人生的财富，这才是生命的真谛。

当世界向你说“不”

沃德·比彻还是一个小男孩时，一天，老师把他叫到讲台前，要求他将新学的课文背诵一遍。比彻是个勤奋的学生，背诵一篇课文对他来说不是什么难事。他信心满怀地当着全班同学的面，清清嗓子，张口就开始了。

可才刚背了个开头，比彻就听到老师重重地对他说了一个字——“不”。比彻停顿了几秒，心里猜测：“是不是自己背错了？”看到老师和同学们没有别的反应，他犹豫着继续往下背。可十几秒钟后，比彻的背诵又被老师一连几声的“不”打断。比彻慌神了，感觉一定是自己背错了。他变得支支吾吾、结结巴巴，背诵再也进行不下去了。比彻耷拉着脑袋，回到了座位上，羞愧得抬不起头。

另一个同学被老师点名站了起来，仍然是背诵课文。背了几句过后，又听到老师说了一个“不”字，可这位同学只是稍作停顿，继续往下背诵。老师故技重演，不时地用“不”打断他，但他坚持着，不紧不慢，直到背完全篇课文。

当这位同学回到座位，老师高兴地为他鼓起了掌，并表扬道：“你做得很好!”

满脸通红的比彻站起来，对老师说：“我刚才背得和他一样好，我并没有出错。可是……”老师微笑地注视着比彻，问道：“那你为什么不继续下去呢?”望着答不上话的比彻，老师语重心长地说：“知道自己会背课文还不够，重要的是确信自己有这个能力。当我屡次打断你的时候，你的表现告诉我，你对自己没有把握，你缺乏足够的自信。”

老师站回讲台，用坚定的声音对全班同学说：“我希望这一节课能让你们学会这样一个道理：当世界在向你说‘不’的时候，你要相信自己，对自己坚定地说‘是’，并用行动证明给世界看。”

老师的话深深地烙在了比彻的心上，凭着自信和努力，长大后的比彻成了一名备受尊敬的牧师，他是19世纪美国最具影响力的宗教人物之一。这位感化了千万人心灵的人生导师，还创办了《独立》周刊，成了那个时代的著名作家。他的《年轻人如何避免失败》一书，被翻译成许多种文字，为全世界读者所熟悉。

我们置身的这个世界，每天都在用各种各样的声音对我们重复着说“不”。“不，你办不到。”“不，你错了。”“不，你太老了。”“不，你太年轻了。”“不，你的教育背景不符合我们的要求。”“不，你不是我们的最佳人选。”“不，你的想法很不现实!”……这一声声的否定，毫不留情地吞噬了许多人的雄心壮志，也浇灭了无数热情和自信。

当你的耳畔再响起类似的声音，当世界再向你说“不”的时候，请记住那位老师的话——“你要做的是相信自己，对自己坚定地说‘是’，并用行动向世界证明。”

每个人都有一枚金币

儿子从小便有远大理想，但他历经千辛万苦，总是失败而归。他以为心中的目标根本难以达到。

父亲走到垂头丧气的儿子身边，问："孩子，你为何放弃了你的追求，你当年不是充满了壮志豪情吗？"

儿子说："父亲，也许我心中的理想根本不存在，也许我向往的成功其实只是一个梦罢了……"

父亲鼓励他："不，你的目标肯定能达到，也许它即将出现在你的身边或者它已出现在你的身边，只是你没有发现而已。"

孩子问："在哪里，我为何总看不到它的迹象？"

父亲抓起一团沙土放在儿子手中："孩子，这是一枚金币，我想送给你。"

儿子疑惑地望着父亲："这是一把沙土呀。"

"对，这是一把沙土，但又是一枚金币。你把沙土松开看看。"父亲松开手掌。

果然，在那团沙土中藏着一枚金币。显然，那是父亲事先放进去的。

"你不能因为看不到金币就不承认它的存在。上帝也会送你一枚金币，它放在某个地方，你暂时没看到它，但你不能否定它，更不能放弃寻求……"

上帝是公平的，他会给每个人一枚金币；上帝也是智慧的，他会把那枚金币藏在某片沙土之下，让你自己去寻找。

首先，你要相信有这枚金币，然后，你必须不辞劳苦地去挖掘，直到看见它。

让世界看到你

12 岁的少年因患病成了盲人。他整天闷闷不乐，到最后，他甚至用绝食来抗议命运对他的不公……

母亲开导他、劝慰他，得到的却是他声嘶力竭的咆哮：“这么美的世界，我却再也看不见……这一生，我除了在黑暗中无声无息地死去，还能做什么？我这样活着又有什么意义？”

寡言少语的父亲拍了拍他的肩膀，附在他耳边说了一句悄悄话。母亲没有听清楚丈夫对儿子说了什么，但她惊异地发现，儿子的泪水戛然而止。

第二天，儿子摸索着走出了家门，回到了小伙伴中间。

不久，他去了波洛尼亚盲人学校，靠“点字乐谱”重新学起音乐。他非常勤奋，最终以优异的成绩考进了比萨大学。

在大学的 4 年里，他一边研修法律，一边继续自学音乐，并在课余时间到一家酒吧演唱，自己挣钱交纳学费。

30 岁那年，他幸运地成了世界著名音乐大师弗兰科·科瑞利的学生。1994 年，他应邀参加帕瓦罗蒂的个人慈善音乐会，与大师同台献唱。

他还获得了“圣莫雷音乐节最佳新人奖”，之后，各种世界级音乐大奖相继而来。从 1995 年至今，几乎所有重要的音乐会都有他的身影……

现在，他是卢卡博凯里尼音乐学院的院长，同时还拥有自己的制作公司，仅《浪漫曲——民歌及咏叹调》就在全球售出了两千多万张。

这个创造奇迹的人，名叫安德烈·波切利。

在他49岁的生日宴会上，波切利凑近父亲的耳朵，轻声说："我要感谢您，我的父亲！你的耳语改变了我的人生。"

37年前，他的父亲凑在他的耳边说："小家伙，别气馁！这个世界属于每一个人。虽然，你看不见眼前的世界，但是，你至少可以做一件事，那就是：让这个世界看见你！"

并不是生活没有给我们出路，多数时候是我们自己不愿意出来。

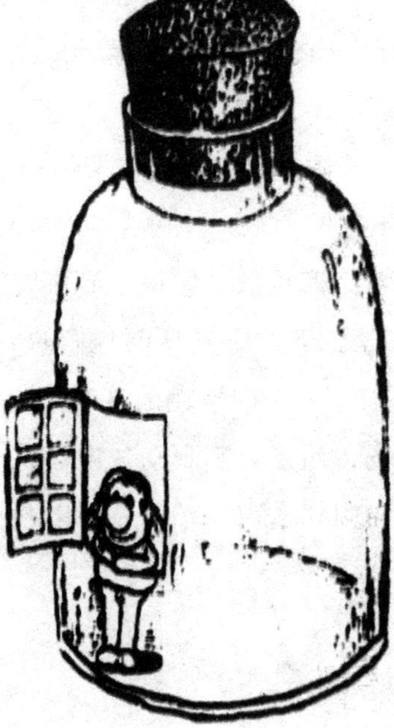

目光可以把人和风景隔断，听力可以把人和音乐隔断，然而，心却可以让我们和世界连在一起。心不死，生活就会开花。

导演掌声

阿尔弗莱德·希区柯克是世界公认的“悬念大师”，他的作品多以紧张和恐惧为主题，悬念重重，情节惊险曲折，引人入胜。

由于他在艺术上的杰出成就，希区柯克去世后被英国女王伊丽莎白二世封为爵士。

希区柯克一生导演监制了59部电影，300多部电视系列剧，其中《39级台阶》《后窗》和《精神病患者》等都是脍炙人口的佳作。

大导演有个奇怪的习惯，他从来不到电影院看自己的影片，就连首映式也不例外。

有记者问希区柯克：“您从不到影院看自己的电影，难道不想知道观众的反应吗？不想听听他们的尖叫和掌声吗？”

“不，不需要，”希区柯克回答说，“拍片的时候，我看到的不是拍摄现场，而是坐满观众的电影院，每一个镜头都是为了控制他们的尖叫和掌声而拍的，所以我早就知道他们的反应了。”

自信不是傲慢，不是盲目的自大，而是经过了一丝不苟的劳作，经过了艰苦卓绝的奋斗，经过了深思熟虑的完善，最终获得的那份珍贵的信心。

成功者从来不追求掌声，而是追求如何获得掌声。

有没有掌声，在掌声响起之前的很久就已经注定。

生活的另一面

渔民说，因触礁破裂而倾覆的船比被飓风掀翻的船要多得多。人生的许多关头，不是要去征服大海，而是要征服一块小小的石头和一道小小的裂缝。

园丁说，不是所有的花都适于肥沃的土壤，沙漠就是仙人掌的乐园。人生的许多成败，不在于环境的优劣，而在于你是否选对自己的位置。

牧人说，他很快活，因为他可以与野花攀谈，与林鸟对话，随白云飘荡在草原上起舞。人生的许多空虚，不在于环境的孤独，而在于内心的寂寞。

炼工说，铸钢有一道重要的工序叫“淬火”，把滚烫的铁锭放到冷水里急骤降温。人生的许多辉煌，不在于狂热的宣泄，而在于冷静的凝结。

老师说，比起上课认真听讲的学生，积极提问的学生未来有更强的适应力。人生的许多境界，不在于跟随，而在于探究。

画家说，大师的作品常常“留白”，太满太挤容易使人失去想象。人生的许多魅力，不在于完美，而恰恰在于一点缺憾。

大师说，如来并不住在西方的极乐世界，他就住在我们每一个人的心中，拜佛不如拜自己。人生的许多寻找，不在于千山万水，而在于咫尺之间。

收藏家说，越是看起来完美无瑕的东西，越有可能是赝品。人生的质地，不在于外表的华美，而在于内心的真实。

前人的智慧，也许不能让我们走得更快，但一定可以让我们走得更好。

人生是一部没有结尾的巨著，需要我们反复修改，反复打磨，反复填充内容，直到它脍炙人口，过目难忘！

保持本色

伊笛丝·阿雷德从小就特别敏感，她的身材微胖，宽圆的脸型使她看起来比实际更胖。

伊笛丝有一个很古板的母亲，她认为把衣服弄得漂亮是一件很愚蠢的事情。她总是对伊笛丝说："宽衣好穿，窄衣易破。"而母亲总照这句话来帮伊笛丝挑选衣服。所以，伊笛丝从来不和其他的孩子一起做室外活动，甚至不上体育课。她非常害羞，觉得自己和其他的人都"不一样"，完全不讨人喜欢。

长大之后，伊笛丝嫁给了乔伊，他是个充满自信的人，而且一家人都对伊笛丝很好，但是她的自卑性格并没有改变。伊笛丝想尽最大的努力和他们一样，可是她做不到。一家人为了使伊笛丝开朗而做的每一件事情，都只能令她更加退缩。伊笛丝变得紧张不安，躲开了所有的朋友，情形坏到她甚至害怕听到门铃响。

伊笛丝始终觉得，自己是一个失败者，因为担心丈夫会发现这一点，所以每次他们出现在公共场合的时候，她就会假装很开心，结果常常做得失去分寸。每次事后，伊笛丝就会为这个难过好几天。这种不开心慢慢使她产生了忧郁症，觉得再活下去简直没有什么道理。

后来，伊笛丝改变了。是什么改变了这个不快乐的女人呢？只是一句随口说出的话。

有一天，伊笛丝的婆婆谈自己教养孩子的秘诀，她说：

"不管事情怎么样，我总会要求他们保持本色。"

"保持本色"——就是这句话！在那一刹那之间，伊笛丝才发现自己之所以那么苦恼，就是因为她一直在试着让自己适合于一个并不适合自己的模式，说到底，她忽略了自己的本色。

伊笛丝后来回忆道：在一夜之间我完全改变了，我开始尝试着找回自己的本色。我研究自己的个性，自己的优点，尽我所能去学习有关色彩和服饰方面的知识，尽量以适合我的方式去穿衣服，去主动地交朋友。

伊笛丝参加了一个社团组织，起初，当大家让伊笛丝参加活动时，简直把她吓坏了。可是她每增加一次发言，就增加了一点勇气。

"今天我所有的快乐，是我从来没有想到可能得到的。在教养我的孩子时，我也总是把我从痛苦的经验中学到的东西教给他们：不管事情怎么样，总要保持本色。"这就是伊笛丝的成功感悟。

不要想一鸣惊人，也不要希望完美无缺，更不要试图去超越别人，按照你的真心去做该做的事情，这就是最好的安排。

往往因为我们怀抱非分之想，心怀一些不切实际的企图，结果把事情弄得很糟。

把自己想成一棵草，反而会心安理得。

人生什么最重要

人生什么最重要？这个问题，千万人有千万种说法。

在孤儿院，你问孩子们，在这个世界上，你们觉得什么最重要呢？

“爸爸妈妈最重要！”孩子们齐声回答。

在养老院，你问老人们，人生什么最重要？

“生命最重要！”老人们说。

在医院，你问躺在床上的病人，人生什么最重要？

病人叹一口气，说：“原来，我总是计较财富地位，现在才知道，健康才是最重要的财富！”

当你在港口，在车站，在公园，遇到那些四处漂泊的游子，问他们人生最重要？

游子仰望天空，凝视着远方，说：“家最重要！”

如果你来到河边或者湖岸，见到失恋的人，问他们，人生什么最重要？

失恋的人会说：“失去的爱人，曾经的恋情最重要。”

人生什么最重要呢？各人有各自不同的说法，但是，经过分析、归纳，我们可以得出了这样一个结论：那些失去的，或即将失去的，才是人生最重要的东西。

一切都将逝去，唯一可以把握的就是现在。趁现在我们开心地生活，趁现在我们好好地爱人，趁现在我们努力地工作，趁现在我们好好看日出日落！